THE

澳洲打工度假
一起 Cooking!!

作者◎Soda・Terry

U0010245

太雅

目錄

大家逗陣來 Cooking

喔！寶島台灣，我想死你了……

義大利麵 Easy Pasta

關於咕咕G 這件事……

來澳洲不吃點 道地的怎麼行

韓式風味，直呼「馬西打」

吃飯時，再配個湯品吧

來點涼拌菜開開胃

創意料理就是不斷創新

如何使用本書 How to use

吃飯皇帝大！到澳洲打工，外食超級貴，一定免不了自己下廚做料理。可是，不會做、不知從何開始怎麼辦？沒關係，就讓本書告訴你，如何掌握Cooking小祕訣，從食材到哪買、怎麼買，到每道菜怎麼做，都有介紹，現在，開始用美食抓住朋友們的味蕾吧！

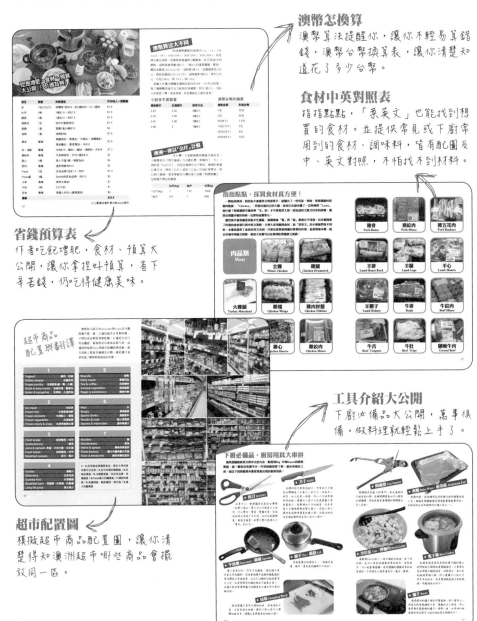

澳幣怎換算

澳幣算法提醒你，讓你不輕易算錯錢，澳幣台幣換算表，讓你清楚知道花了多少台幣。

食材中英對照表

指指點點，「菜英文」也能找到想買的食材。並提供常見或下廚常用到的食材、調味料，皆有配圖及中、英文對照，不怕找不到材料。

省錢預算表

作者吃飽增肥，食材、預算大公開，讓你拿捏好預算，省下辛苦錢，仍吃得健康美味。

超市配置圖

模擬超市商品配置圖，讓你清楚得知澳洲超市哪些商品會擺放同一區。

工具介紹大公開

下廚必備品大公開，萬事俱備，做料理就輕鬆上手了。

每則料理都會有一則小故事，
讀起來生動不乏味。

告訴你這道菜所需的
材料或建議食材。

每道菜都會有步驟說明。

料理小提醒
針對料理的不同情況的貼心
提醒，更能確實掌握美味關
鍵。

就是要精打細算
食材常態價的小提醒，怎麼
買最省錢報你知。

看圖跟著做
比較複雜的料理還會有
Step by Step讓你看圖跟著做。

什麼不能帶
澳洲海關檢查嚴格，本篇告訴
你什麼能帶、什麼不能帶。

工作小錦囊
提供農場打工時
的工作小資訊，
給到農場打工的
人作參考。

過來人經驗談
作者親身體驗的
貼心提醒，讓你
直接抓住重點，
不重蹈覆轍。

7

在澳洲，有一天我忽然告訴大家：「回台灣我想出一本教大家如何在澳洲做菜省錢過生活的書！」老實說，當時半開玩笑的想法，在回台灣後，居然鼓起勇氣寄了提案Email給太雅。大約2天後收到主編的回信，開心地飛起來，沒想到我真的有機會可以分享我的菜單與在澳洲的生活！而能順利能產生這本書的另外2位幕後功臣則是Lily和Sendoh，感謝他們用相機記錄我們的生活，而書中80%的照片都是由他們提供的。現在想想，如果沒有Terry當我的室友，或許我們就不會有這些料理上的火花；如果沒有Lily和Sendoh的紀錄，我就沒辦法完成這本書。

Terry跟我是在Bundaberg認識的，因為工頭Sasa介紹的關係，我們都住在同一個Share House。Terry是我認識的人裡，把食材發揮到最極致的人，舉凡曬高麗菜乾或是醃泡菜，Terry都堅持物盡其用的原則。而我的料理路線偏向於台式風味，只要一瓶醬油、一塊豬肉就可以打天下，把推廣「台式滷肉飯」作為我在澳洲國民外交的宗旨。

在澳洲看到太多台灣人，因為不會做飯或懶的料理，而餐餐吃泡麵和麵包。其實做料理並不難，而且也是很好的國民外交，像我嘗過義大利人做的提拉米蘇、日本人的梅乾茶泡飯、韓國人的韓式煎餅、馬來人的肉骨茶、巴西人的巧克力甜點等。完全用食物在周遊列國，當然自己也要有一些必殺料理拿出來嚇嚇人，而且用料理交朋友是最簡單最快速的方式，不然男朋友Benjamin就不會這麼容易在澳洲被我騙到手！

作者簡介——

Soda Wu，雲林出生的鄉下小孩，小時候跟著在鐵路局上班的阿公一起搭免費的火車，吃好吃的火車便當，對人生的態度是：「吃飽才有力氣減肥！」雖然是不居小節的水瓶座，但是對料理與旅行是絕不妥協。同時也是One Piece的忠實書迷，夢想有天也可以踏上自己「偉大的航道」。

作者序——
Terry

我是一個於鄉間快樂長大的中部小孩，出社會工作一段期間後，帶著看世界要趁年輕的心態出發澳洲。體驗的沿途不只是異地風光，還發現凡事不假他人的生活型態，是在台灣沒有的另一特點。凡事靠自己，再加上澳洲一貫的緩慢步調，竟讓自己休假時，耗在廚房一整天而不自覺；也常忍不住說服自己超出每週採買的預算，來滿足當時對料理的幻想。曾經拿手邊未熟的酪梨，假想自己能以鹽巴脫水殺青的方式，做出類似芒果青甜脆的口感，最後因去不掉澀味而做罷，不過卻更確定自己還真夠愛吃！

能在異鄉的旅途上，遇到愛吃也愛玩的知音，還能朝夕相處，絕對是莫大的福氣。要不是互嗆哪個食材怎麼煮才絕頂，就是爭相宣布今晚下班回家自己負責哪道菜、別人不能搶。看著辛苦工作一天的一夥人，下班後把自己做的菜一掃而空，著實成就感滿滿。當全家人一起休假時，大夥在用餐時段，各自端上一道好菜分享是常有的事。熱情的Soda還曾甚有其事的找我討論，要一起寫下幾道簡單易上手又好吃的料理，分享給住在別處不會下廚的背包客。我想，也就是這兩張愛吃的嘴和喜歡嘗試的雙手，加上Soda熱情的巧思，促成今日這個作品的問世！

作者簡介——

Terry是個無論如何都認為只有員林東西最好吃的彰化人。幾年前，決定暫時忘記家裡附近炸甜不辣有多好吃，去面對心中蟄伏已久，那能與吃相提並論的大事(澳洲打工)。趁而立之年前，出賣看似內向實則悶騷的個性，挑戰業務工作一年，希望在南半球扮演唐吉訶德時，能有足夠的銀彈。

感謝紐西蘭打工度假官網的年度限時限額，和戲劇性的電腦當機，使我來不及報名，才能讓自己有幸從澳洲這塊土地上，帶回人生中另一片風景。近期許的願是，希望每個生長在台灣的海島子民，都能有支槳划出心海，見識外頭的大世界。

美食者的鐵則

等一下！你違規了嗎？這些物品不能帶到澳洲喔

很多人在打包行李時，都會想著帶點台灣味吧！但是對農產畜牧大國的澳洲，檢疫安全是你無法想像的嚴格，尤其，乳製品是絕對不能帶到澳洲的，千萬不要抱著僥倖的心態，免得遭到鉅額的罰款。

但是根據新的法律規定，只要是在市面上買得到的、包裝完整的加工食品，將不再需要申報。這些食品，因為是帶給親朋好友品嘗的，對於海關來說，屬於低風險的物品。攜帶這類食品的旅客，將因為這個新規定，更能迅速的通過海關。

而也將對肉類、家禽、魚類、鳥類、雞蛋或乳製品等項目，包括水果、蔬菜、穀物、種子、種球、木製品等檢查的更加嚴格。

曾經請家人從台灣寄「佛蒙特咖哩」與「古坑咖啡」，卻慘遭澳洲海關無情的沒收。室友Lily在通過海關的X光時，行李箱裡疑似夾帶肉片到澳洲，被攔下盤問，最後打開行李才發現所謂的「肉片」，只是衛生棉放在保鮮盒裡的烏龍事件。

很多人會問，那到底什麼可以帶？例：沙茶醬、老干媽、七味粉、沒有牛奶的巧克力、維力炸醬、茶包、一般的餅乾糖果、芥末醬等，這些可以帶。如果不確定可，基本上很多商品皆可在亞洲超市買到，除了價格比較高之外，只要想買的一應俱全，不必擔心。

如果對於什麼東西能帶、什麼東西不能帶仍有疑慮，也可以上澳洲檢疫檢驗局的網站上查詢，裡面都有詳細的資訊：http://www.daff.gov.au/languages/chinese

根據澳洲檢疫檢驗局的規定禁止攜的物品如下：

資料來源：外交部領事事務局

● 蛋及含蛋類食品

乾的及粉末的蛋及含蛋的產品；包括含蛋的麵條、含有蛋的月餅、鹹蛋、皮蛋，鹽醃或加工的鴨蛋及鵪鶉蛋，含蛋的泡麵及蛋黃醬等。還好我有教大家滷蛋，所以請不要衝動帶出國。

攝／林孟儒

● 非罐裝的肉類產品

新鮮、製乾、冷藏、煮熟、煙燻、醃漬、加工或包裝的肉製品。如：臘腸、香腸、醃漬的全鴨、鴨肝、鴨腎、鴨腸、牛肉條、牛肉粒、牛肉乾、牛肉及豬肉絲、含豬肉的月餅、含肉的速食麵、烤豬肉等。我能體會喝啤酒沒有肉乾的痛苦，但是真的不行帶，請大家改吃花生米吧！

● 新鮮水果及蔬菜

所有新鮮及冷凍的水果和蔬菜。如：蒜頭、薑、辣椒、蘋果、柿子、柑、草藥、新鮮竹筍等。連Timmy回台灣寄給我的芒果乾，也是無情的被澳洲海關沒收。

● 活的動物、植物

活體動物及植物絕對不能攜帶。如果可以，當初我就不會留我的寵物「貢丸」在台灣了。

攝／林孟儒

● 乳製品

所有乳製品(除非來自一個列為沒有口蹄疫的國家的產品)。成分含有超過10%的乳製品，含未加工及乾的產品，如：3合1咖啡、茶及美祿、奶粉及有牛奶成分的即食穀物食品。3合1的咖啡一定會被沒收，只因為裡面有「奶」。放心！澳洲的即溶咖啡便宜又好喝。

攝／林孟儒

● 種子、果仁

穀物食品、未加工的果仁、生栗子、新鮮花生、松果、水果及蔬菜種子等。

● 草藥、傳統藥材

鹿角、鹿茸、鹿角精華、鹿鞭、燕窩、冬蟲夏草、靈芝、雪蛤膏、地龍、紫河車、蛤蚧乾、鹿筋、甲魚、牛尾、任何種類的乾製動物等。

我們一起相處

的日子

Soda
尋找她偉大的航道

2011年2月中旬，我狠狠的放了2天的長假決定了一件事。
而這件事情足夠影響我往後一年的生活與一輩子的回憶。
到澳洲打工度假Working Holiday是我大學畢業後最想做的事。
畢業後，出了社會，選擇發揮所學，進入一家知名的房仲公司。
在公司1年7個月裡，我每天朝九晚九月休4日，
領到薪水確實是比剛畢業的大學生好一些，
但在我心裡那股熱血，卻持續成長著……

毅然決然去完成
最想做的事

「我要出發去偉大的航道尋找我的寶藏了！」我是這樣告訴我的主管的。他跟我一樣都是one piece航海王的迷，我們也會不時交換漫畫的心得。當時，他非常鎮定的說：「好，你去吧！店長支持年輕人去追自己的夢。」於是就在一週內完成工作與客戶的交接。其實當時，我的職場生涯即將進入另一個階段，卻決定要出國尋找偉大航道，現在想起來，那真的是個任性的行為。就在好不容易的2天休假裡，我到醫院做了體檢申請簽證，火速聯絡代辦快速的決定學校，也決定在1個月後踏上澳洲進入語文學校。

我是一個標準的行動派，一旦決定要去實踐它，就會把它做到最好。其實並沒想太多，在這之前總是問自己：「真的就這樣一直工作下去嗎？」、「還是先工作吧！等存夠的錢再一次去玩的夠。」、「但如果真的工作一直都順利，你捨得放棄嗎？萬一你不小心嫁人了，你就不能像現在如此自由，想到哪裡，就到哪裡。」、「現在不去，等待何時？」、「萬一到澳洲英文太破，找不到工作怎麼辦？」我總是有一堆庸人自擾的問題。

某天早上醒來，心一橫，跑到高醫體檢、上網辦簽證、買機票，這些事情，每做一件就更確定、更接近澳洲，整個人在當下也覺得踏實點了。

我一直工作到2月底，而出發的日期是訂在3月11日，這也就代表只有10天的時間準備及打包行李。但我再瀟灑，也不可能瀟灑到只拖著行李箱就跑到澳洲，又不是東

望著大海，覺得自己好渺小，
如果是身材苗條應該會更好！

一個人在高鐵站，
一個人出發！

蓋了出境章，
代表著我要離開台灣了！

京5日遊或香港3日遊。好險，有天到書局找澳洲相關書籍時，發現了《澳洲打工度假聖經》這本書，我站在書局把整本書看完後，立刻買回家，並照著作者的說明，順利打包好行李與整理好心情出發！

出發當天，
遇上了日本311強震

　　出發那天，爸爸送我到高鐵站搭車，我自己扛著40公斤的行李南下高雄，從小港機場出發到香港轉機。在香港機場的候機室看到了一群人表情凝重地注視著電視牆。沒錯，我出發那天正是日本311大地震。看著人群裡有人傷心地哭泣，當下也問自己：「如果發生在台灣，我會留在台灣呢？還是會義無反顧地到澳洲？」

Terry

用自己的腳步和世界同步呼吸

人生嘛，出去走走吧！

已經記不起多久以前的那些年，當「打工度假」這4個字還沒在今日的台灣傳得沸沸揚揚的時候，家裡的長輩，在看到電視新聞報導到這新奇的異國體驗方式時，便鼓勵還在求學的自己出去走走，其中一句話現在想來還令人印象深刻：「要不是我上了年紀，我今天馬上買機票衝了！」電視上的畫面播出背包客大啖紐西蘭奇異果，同時，還操著流利的英文和老外有說笑，這畫面只在我小小的心靈裡停留數秒，電視一關，也隨之消失。

一晃眼自己已經當兵退伍，也工作了幾些年，打工度假這回事，和當時的時空背景相較，又是另一番光景！在一次偶然與大學同學小聚中，看著同學分享出遊日本的相片，刹時驚覺自己終日汲汲營營的業務工作，讓生活有些空洞，簡單幾個問題：「這幾年你過得如何？是你喜歡的嗎？」竟久久不知如何回答。人生嘛，出去走走吧！

於是做了這個令人興奮的決定，也很快得到家裡老老少少的支持和祝福。難忘的是親朋好友把祝福化為實際行動，辦好離職手續後接踵而來的餞行聚餐，連續不間斷了3個禮拜之久，直到上飛機的前2天，才有機會留在家裡為出發做最後的準備。

出發，來去看看南半球世界

「就這麼出發吧！」不想有太多計畫，無論如何，我就是要出去走走，看看世界另一個角落的風景，在同一個地球上，南半球那個叫澳洲的國家子民們，此時此刻在做什麼？他們喜歡什麼？吃什麼？真的像電視裡演的那樣嗎？心裡面這些自己都忍不住要笑自己俗氣的想法，在出發的那一刻還真的裝滿腦袋。

旅途中不斷和人相遇，也不斷的分離、互道珍重，人的聚散離合奇妙地成為自己旅途上另一個駐足觀看的風景。終於在第一年的後半段時光裡，遇到一群親密如家人的夥伴，同時體驗了澳洲廣大土地上許許多多奇妙的人事物！沒出去闖闖，也許我就無法發現自己對烹飪的樂趣！走，背起最簡單的行李一起出發吧！

還不確定前方會遇到什麼，
但無論如何就是要想讓自己到外面走走！

選擇適合自己的語文學校

很多人問我為什麼到澳洲？
「是為了體驗不同的人生，還是為了賺一筆錢，回台灣創業？」
其實我只是想到澳洲學英文，這是我最早的初衷。

　　記得小時候，當同學在瘋狂的補英文的時候，別人問我爸為什麼不讓我也補英文？（我一直到要上國中前才去補習英文，畢竟大家都在補習。）當時我爸笑笑的說：「要學英文，還不簡單，我現在把錢省下來，以後看是要去美國還是加拿大，我一次付清，這樣比較快，環境也比較好！」事後證明，我爸是正確的。更厲害的，是我爸一毛錢也沒花，因為大學畢業後，進入職場工作存了點錢，到澳洲所有的學費和旅費都是自己支付的。

學校的環境真的很重要

　　當初在選擇語文學校時，最在乎的倒不是學費的多寡，而是教學品質。一家好的語文學校，一定會有國家認證語師資上的健全。當代辦推薦幾家分散在澳洲的語文學校時，我毫不猶豫地先剔除了繁忙擁擠大城市，最後選擇了位於澳洲最東角的Byron Bay小鎮的Byron Bay English School。

　　學校最大的特色就是不收中國學生，因此，整個學校會說中文的，不超過10個人，加上Byron Bay是澳洲的衝浪與高空跳傘的聖地，每年11月到隔年的3月，會有許多歐洲人到這裡度過夏天。所以，學校的成員，有40%來自歐洲、20%來自南美洲、35%來自日韓、最後的5%才是台灣人。在這裡會讓

你把過去所學的英文逼出來，大約2週，你就可以在學校暢行無阻。

　　到學校會先安排分級考試，通常都會分：1.Elementary，2.Pre-intermediate，3.Intermediate，4.Upper Intermediate，5.Advanced。從最基本到應付申請澳洲學校的IELTS都有，上起課來完全不用擔心跟不上進度，正常人大約可以在2週內進入狀況。也請不要自己嚇自己，台灣人的英文其實沒有自己想像中的差，你的腦袋其實藏了許多單字等待你發掘！

我們這一班的點點滴滴

　　在學校時，最讓我印象深刻的是幫助日本311地震募款。因為學校裡有一部分的學生來自日本，當時在發生地震後的1個月，我們班舉辦了日本BBQ震災募款餐會。全班同學在老師的帶領下，到Byron Bay鎮上的麵包店、超市請求贊助，我們也到各班級推銷、販售摸彩券，並將當天募得金額與學校捐款，一起捐給日本的紅十字會。

　　學校固定會在週五的夜晚舉辦BBQ Party，而學校會隨機配對，通常是一男一女、不同班、不同Student House、不同國家，為的是讓大家更認識彼此。由學校提供晚餐，如果想喝酒或是飲料必須自己帶，而晚上09:30結束，但是按照慣例，大家都會到PUB續攤。每個月學校也都會安排固定時間帶新同學到Gold Coast的Currumbin動物園(木柵動物園無尾熊們的娘家)校外教學，或是帶大家到瀑布區烤肉和鄰近的小鎮踏青，通常學校都只收取車資。

在國外那些形形色色的人

百年修得同船渡，千年修得同屋住，「住」很重要，住得好壞跟房子老舊沒有太大的關係，
在澳洲住過許多形形色色的地方，要讓自己住得開心，最重要還是「人」的關係。
感謝在澳洲一年來，語文學校Student House的同學們；
還有在Bundaberg，房東Mr. Duffy的信任，將把房子交給我幫忙管理；
以及在工作旅舍遇到不同國家的朋友給我的震撼，這些都是旅行回憶中重要的一部分。

別關在屋裡當宅男宅女！

　　最讓我印象深刻的是短暫在背包客棧的日子，除了他人見怪不怪的裸體外，還誤闖了幾次春宮秀現場。但也體會到不同國家的文化與飲食，大家在不干擾彼此情況下巧妙的生活。比較可惜反而是台灣人，下了工就是看台灣連續劇或是打牌，跟到處串門子、忙著捲菸草、上酒吧的歐洲人截然不同。其實到了異鄉，應該拋開自己，讓自己有個不同的空間轉換，體驗不同的生活，畢竟人生難得幾回可以如此的逍遙自在。

再見了！我的不上道室友

　　開始工作，遇到好工頭幫我們介紹到郊區的房子。我們遇到了第一個不上道的室友，原本體諒大家都是從台灣來，所以互相體諒容忍，但經過溝通後還是無效，不但不洗餐盤，還會跟房東打小報告，連新搬進的室友也沒辦法跟他相處，最後大家聯合起來，請房東讓他離開。
　　之前語文學校時，也曾經遇到瑞士來的女孩，從來不參予打掃工作。有次烤蛋糕，還讓烤箱著了火，事後也沒清理，逼得全家一起跟學校抗

很訝異最後來的人數，遠高過我們的預估！

在國外能遇上一群如家人般的室友是再幸福不過的事

我跟Jayla的告別party感謝這些女孩的幫忙

議。雖然校方幫忙開了家庭會議，她也買了一堆清潔用品，但始終還是沒打掃過啊！

很多人都覺得「多一事不如少一事」、「沒關係忍耐一下就過了」。當大家都有這種想法的時候，就是默許壞室友的所有行為。今天雖然人在異鄉，大家都是來自從世界各地，但應該有的禮儀與禮貌請不要忘在台灣、屬於自己的權益也要捍衛。如果今天老闆發工資少了$200，相信你一定會去要求再核對一次，反觀今天繳了房租，卻遇到糟糕的室友，為什麼你就不能為自己的權益做爭取？

通常大家聯絡
感情的客廳

在這個家沒有日韓戰爭，
只有Danny和TakaYuki的笑聲

Hiro跟房東爸爸總是雞
同鴨講，非常搞笑

假日的中午大家都聚
在一起吃Brunch，台式
炒飯配啤酒與柳橙汁

交朋友是旅途中最美的回憶

　　旅行中遇到許多朋友，有韓國人、日本人、巴西人、台灣人、捷克人，各國的旅人齊聚一堂擦出不同文化、不同回憶。例如：通常巴西同學都很有錢，而且非常熱情與浪漫；韓國人的排外性特別強，永遠都是一群韓國人圍在一起；歐洲人一大早一定是非常慵懶地在陽光下抽根菸、喝杯咖啡。在大家的身上，可以看到不同國家的縮影，所以對我來說：「交朋友是旅途上美麗的回憶」。

我在Byron Bay的逗趣室友

　　窺看不同國家飲食文化：韓國人總是離不開辣椒、巴西爺爺Jose一定有紅白酒相伴、捷克室友Eduard連Pasta麵條都會自己做，冰箱裡總有各種起司與火腿，因為大家豐富了彼此在澳洲短暫的生活。

 一路扶持的好夥伴

　　很幸運可以跟正妹Jayla當室友，我們都是水瓶座的女孩，生日還只相差24小時。Jayla總是在我沮喪或做傻事時，適時的拉我一把。在學校畢業後，也一路相扶相持到農場工作。

 不吃鮭魚就渾身不對勁

　　來自南韓的Jim，自從他加入後每天都吵吵鬧鬧的。享受美食的他，發現澳洲燻鮭魚的價格只要韓國的1/3後，每天早餐都吃鮭魚三明治或鮭魚沙拉。

邀請巴西同學
Rafael到家裡吃飯

Soda與巴西室友Jose

Danny　韓國大男孩

　韓國籍的Danny第一天上課回家就帶女生回來，讓我跟Jayla大吃一驚。也是第一個讓我感覺到韓國大男人的同學。通常遇見他時，我都會用盡全力欺負他，他也會不甘示弱的整我，我們之間鬧了不少笑話。

Jose　來自巴西的退休醫師

　不要懷疑，他今年60多歲了。Jose來自巴西，是位退休的婦產科醫生。在一個週六的早晨，才發現他在PUB整晚沒回家，讓大家擔心是不是醉倒在路邊。但拜Jose所賜，我跟Jayla偶爾可以吃到美味的海鮮或烤雞。

Anzac Holiday跟Danny、Benjamin
到二次世戰紀念公園觀禮

Eduard

天啊！難道真的有阿公魔咒嗎

當捷克籍的Eduard加入後，我跟Jayla徹底的絕望。因為當別的同學家的室友都是歐洲帥哥，南美洲美女的之時，我們家卻來了2位Grand-father，當時同學跟老師都笑我們有「阿公魔咒」。因為Eduard滿頭的白髮與成熟的外表，雖然不到40歲，但是跟Jose站在一起根本是同年紀，每個到我們家的同學都驚訝我有2個「阿公室友」，而這件事也飛快的傳遍學校每個角落。沒有Eduard照片的原因是：他是我們家的攝影師，所以沒有機會入鏡過。

Hiro

「正港」的日本男人

我在語文學校的同學，是我遇到唯一認真在工作的日本人。Hiro讓我見識到真正的日本人，愛乾淨、做事情仔細、有一點大男人、早上會自製茶泡飯、還在他的廂型車上手工製作一張小床，根本就是卡通走出來的兩津勘吉。

Sendoh

Benjamin

Lily

Shirley

同甘共苦的
工作Family

　　Jayla、Hiro，從語文學校之後，也跟我一同到農場工作，後來的半年裡，在Bundaberg的室友來來去去，大家一起工作、一起旅行、一起BBQ、一起趕走不上道的室友、一起吃飯、一起大掃除……。從一開始大家互相磨合生活習慣，一直到最後彼此的互相幫忙與協助，無私的關心與最大的分工是大家一起生活最幸福的日子。

Terry

Soda

Mavis

一定要盡情搞笑～

We Are Family

Timmy
一直想喝醉的香菇頭

一個留著香菇頭念舊的男孩。我跟Tim每天上工時,都會相約一起去上廁所。Tim很愛把自己灌醉,但是很難喝醉,一旦到了7分醉時,就會胡言亂語不計形象的搞笑,他也是我們之中最早回台灣的夥伴。

Benjamin
新好男人

Ben在學校幾乎沒有跟亞洲人交談過,而他們班除了他一個亞洲人外,其他都是歐洲人,所以一開始,日本人以為他是台灣人,韓國人以為他是日本人。他對自己的要求非常的高,但還是倒楣遇到我這個沒神經的女朋友,在澳洲這段時間2個人互相折磨,到最後他完全放棄,把所有家事攬在自己身上,而我只要好好做我的料理,或是安排假日出遊的行程即可。

Terry
冷菜大廚

Terry是跟我合作本書的另一位作者,他是一個把食材運用到「極致」的男生,因為愛吃與節儉的性格,到了澳洲,從一位不會煮飯的男人,變成家中拿鍋鏟的第二把交椅。

Lily & Sendoh

甜蜜夫妻檔

　　2個愛情長跑10年，到澳洲蜜月旅行一年。他們是我在澳洲遇到最善良的2個人，雖然偶爾會吵架拌嘴，但兩夫妻總是非常有系統、有效率的過生活，也是本書最大的照片供應商。

Mavis

老歌外星人

　　是位聽到任何台語老歌前奏，就可以接著唱下去的奇女子，居然是跟我念同一所大學的學姐。也許我們曾經在校園裡擦身過好幾次，卻是在澳洲遇見了彼此。而目前Mavis留在澳洲，正朝著她理想去實現。

Shirley

傻大姊夢遊

　　某個冬天夜裡，Shirley裹著睡袋睡覺，也許是夢太真實裹著睡袋夢遊，走了2步就摔倒流鼻血驚動全家，好在Daddy醒著，過來捏捏鼻子確定沒有斷掉。平常Shirley就是個傻大姊，在她的身邊永遠都有笑點。

我們熱愛跳拍～

看我們在海灘上揮灑熱情。

我們堅持跳拍～

老實說，我們曾經有想過要出跳拍寫真集。

keep jumping

2

1

Beautiful Memory

1.新好男人Benjamin / **2.**Timmy要先回台灣了，在家門前
的最後一張合照 / **3.**超冷的中秋節烤肉 / **4.**愛吃與節儉的
Terry / **5.**其實一開始只是2人的合照，搞到最後大家都跑來
了 / **6.**送機 / **7.**到山區健行 / **8.**Timmy的告別Party，大家都
很捨不得這個香菇頭

3

4

旅行中需要一點
運氣和貴人
的幫忙

Daddy

Mommy

Sasa

Jacky

人在異鄉，千萬不要「鐵齒」，

在澳洲的一年裡我就遇到一堆「鳥事」。

雖然這些「鳥事」，現在已經變成最美麗的回憶。

我非常感謝在澳洲遇到的老闆、工頭、房東，

與各個國家背包客們的幫忙，如果沒有大家互相幫忙，

這趟旅行不會如此完美。

別看她嬌小，
農人很有力的

嗓門超大的農場老闆Jacky

Jacky是標準的澳洲農夫，她的農場有：地瓜、西瓜、番茄、青椒。全部都垂直整合，從栽種、採收、包裝都是一手包辦。而整個農場與包裝場，都是Jacky跟她先生一手經營。他們是非常傳統農夫，嗓門非常大，講話非常快，每天都要把耳朵打開，才能完全接收那一口濃重澳洲腔的英文。

Joy出生的時候，前腳發育不完全，所以平常都跟袋鼠一樣的姿勢站著

相處過發現Jacky其實人很好，心地很善良。包裝廠有另一個隱藏員工Joy，她在媽媽肚子裡發育不完全，出生後，前足無法使用，成了一隻「袋鼠貓」。Jacky把她養在包裝廠，平常對她更是愛護有加，每天早上我們都要先跟Joy打聲招呼，接著開始一天的工作。而在瓜類產季時，她也會送我們一人一顆西瓜，家中最高紀錄有近20顆西瓜，番茄和地瓜也都讓我們帶回家吃。

剛到Bundaberg的第一週住在工作旅舍，完全沒工作，但感謝那週沒有工作，否則我們不會遇到Sasa、Duffy一家。剛住在工作旅舍，讓我非常的震撼：4個陌生人擠在3坪不到、男女混宿、有嚴重體味的房間。第一次半夜被吵醒看「實境春宮秀」、第一次發現西方人都不愛洗澡真的很臭、第一次吃義大利人的提拉米蘇、發現歐洲人大多只帶1個背包、2件衣服……那是一個小地球村的縮影，卻讓人眼睛為之一亮。

同是Working Holiday過來人的工頭Sasa

在背包客棧經過一個禮拜持續Day off的情況下，我鼓起勇氣打電話給Sasa面試，而Sasa的電話號碼是我在Bundaberg跟一位台灣女生搭訕要到的，說起來一切都是緣分。面試時，我告訴Sasa我們動作雖然很慢，但是我們一定不會半途跑掉不做，我們有車，但是沒有家，希望她安排我們住宿的地方。因為這通電話，就開始了農場打工之旅。

Sasa跟她的OZ先生Dippy

Sasa跟大家一樣，一開始也是到澳洲打工度假。有天她找到一份貼磁磚的工作，一小時薪水$20，包吃、包喝，輕鬆的工作。但沒想到在工作的過程中，無意間跟旁邊的其他的夥伴聊天才發現，原來其他人時薪是$35，中間的$15是被工頭給抽佣抽掉了。所以她決定自己成為工頭，幫大家爭取最大利益，集二簽。

過來人經驗談

找工作時，要留意黑心仲介

目前在澳洲打工的華人真的很多，很多離不開大城市、語言又不通的人，都到華人開的餐館打工，一個小時$8～10都有，這跟澳洲法定規定的薪水少了一倍以上。而誤打誤撞到農場工作打工的朋友，常遇黑心的仲介的也時有所聞，不但辛苦、薪水少，還不能集二簽。我聽過最誇張的例子是：農場把工作外包給仲介公司，一個人時薪$35，到了背包客身上只剩下$13，可見中間層層的剝削。

造成這些黑心仲介的出現就是廣大的背包客們，抱著「先有工作就好」、「之後再慢慢找工作」的心態騎驢找馬，但是找到一份工作後，大家往往安於現狀，沒有太大改的變的。其實澳洲很大，工作機會很多，如果大家願意花點時間規畫，相信你可以在澳洲找到自己的天空。

集二簽是什麼？

在澳洲只要在郊區從事農、林、漁、牧、礦業滿88天，並由雇主幫你簽證明表格，未來在你31歲之前都可以申請一次Working Holiday VISA，所以找工作千萬不要找黑工，因為工作沒繳稅就代表不能申請二簽。

我的澳洲 Daddy & Mommy

這對異國戀情是我見過最愛彼此的一對

Mr. Duffy和華姐是彼此人生的二次幸福。當時在中國有生意業務的Mr. Duffy在友人的介紹下認識了在政府工作的華姐，2人的愛情長跑了2年。後來華姐帶著女兒玲玲，到澳洲展開新的生活。

澳洲地廣人稀，人工服務費高得離譜，每一次修車感覺都像在被敲竹槓。通常車子進一般保養廠「檢查」需要先預約，然後一次酌收$60以上(約台幣1,800元以上)的檢修費，檢查時間約30分鐘。也許是因為這個因素，在澳洲，每個爸爸都是馬蓋仙、媽媽都是女超人。通常華姐就像我們的媽媽一樣，當我們晚下班時，幫我們收衣服做飯；當我們生病時，隨時隨地的關心我們；而Daddy也總是保護著我們，只要我們在生活上遇到大大小小的事情，請他協助都會幫我們解決。

Daddy看到孩子們一定都是先親一下

正在修車的Daddy

像Benjamin的國際駕照和簽證過期，都是Daddy幫我們詢問相關單位解決。這也是我們跟其他的亞洲背包客不同，我們是住在傳統OZ家，因此，可以真真正正的體驗澳洲人的生活與文化。比如：聖誕節時的澳式聖誕節大餐、在Daddy生日時，家人齊聚一堂的天倫樂、到河邊划獨木舟、也參加過澳洲婚禮、野外BBQ等。就我所知，許多日本人、韓國人、華人總是一群一群的住在一起，感覺就像上大學時，在校外租房子，只是換個國家、工作，本質上還是跟在自己的國家一樣。如果大家還記得最初到澳洲的初衷：「體驗澳洲生活，了解不同文化的衝擊」，就可以讓自己有更多色彩的生活。

要把穩重的Daddy
架起來，需要4個
大漢

爲什麼要稱OZ家？

澳洲英文簡稱 Aussie，當地俚語稱為 Oz 或 Ozzie，加上OZ發音與Aus發音幾乎一樣，經過語文上的演變，目前OZ就是澳洲人的簡稱。另外，在澳洲看到路邊有氣球或是門牌上有氣球就是代表這戶人家在辦Party，希望來的賓客不要走錯家。畢竟郊區有些大門跟房子是有距離的。

我們就愛搞怪～

放假就是衝到Daddy的海邊小屋大解放

在離家約40分鐘車程的地方，是Bundaberg的生態保留區，在那個區域只能蓋6棟面海的別墅，風景非常的漂亮，是個幾乎沒有人的私房海灘。偶爾的休假，房東爸爸會帶著全家到那裡烤肉玩耍。而我也不經意地發現這片沙灘可以摸到豐富的蛤蠣。

通常早上到海邊小屋，第一件事情就是男生幫忙除草、女生幫忙打掃屋內環境、華姐負責準備午餐。午餐後，房東爸爸會坐在面海的沙發上，聽著海浪聲午休，而我們這群孩子會到海邊踏浪奔跑、玩耍，或以大海為背景拍出一些搞怪又好笑的照片。

having fun

在澳洲農場當農夫的日子

遮臉、袖套都是基本配備

　　我是雲林鄉下的小孩,對於農作完全不陌生,但是到了澳洲,才知道外國的月亮真的比較圓!草莓園大到需要有草莓車輔助;番茄園需要出動像變形金剛的卡車;種地瓜原來是把蕃薯藤插到田裡,果然,農業大國的格局確實比較大!

採草莓速度快,週薪愈高

　　草莓園的薪水是以重量計算,採得快的在淡季可以週薪$400以上,而手腳慢的我們週薪大約$200左右。我還聽說過包裝室的快手,一週的薪水可高達$3,000。但也不要太羨慕別人,他們已經是在工廠長期工作訓練出來的,每天要站14小時以上。很幸運的是,我們是坐在草莓車上採草莓,只要屁股用力一直後退,手一直採即可,比起其他農場工作,算是夢幻工作。

坐在草莓車上,可輕鬆的採草莓

工作小錦囊
地點　每年5月開始採收,由北到南草莓會慢慢長果
工作內容　採草莓、除草莓藤蔓
薪資怎麼算　從一開始1公斤=$0.85,到量產後1公斤=$0.65
工作時間　早上日出前06:00到中午過後就可以回家

在一望無際的草莓園，我跟我的草莓車好渺小

大家總是帽子不離身，我永遠是裝備最簡單的那位，曬黑能怪誰

怕太陽的Maivs總是不到最後一刻，不卸裝備

草莓外表很容易受傷，一定要輕放籃中，且只能放一半

千萬不要小看在澳洲的越南人

在草莓園認識很多國家的背包客，有很快速的法國情侶、一天到晚採別人果的韓國人、一直都很悠閒的日本人、賺很大的馬來西亞人，與總是一邊工作、一邊聊八卦的台灣人。草莓園老闆是越南難民，越戰時從越南逃出，到澳洲落地生根，一步步買土地、擁有自己的農場。而在當時，越南人大舉「移民」到澳洲，成爲澳洲最大的黑幫。所以千萬不要小看在亞洲區廉價勞工的越南人，他們在澳洲可是勢力龐大！

過來人經驗談

工作時一定要帶足夠的乾糧

通常早上吃過早餐開始工作後，3小時就會開始肚子餓，平常血糖偏低的人，一定要記得帶糖果或餅乾補充能量。水一定要帶一大瓶，超過1公升，畢竟太陽底下工作，沒有適時補充水分是很容易中暑的。

像是變形金剛一樣的機器，坐在機器上瘋狂的採，丟進中間的輸送帶

人坐在機器上採番茄

番茄園分2種：一種是採小番茄，拿著桶子一桶一桶的採；另一種是坐在大機器上採。

採小番茄時遇到很多斐濟、尼泊爾人，他們採的速度之快，是我們這些肉腳亞洲人望塵莫及的。當我們還在10桶、20桶算今天成果時，他們成績約在50桶以上。也許是樂觀的小國居民，他們總是一邊採果、一邊唱歌，看到需要幫助的人也非常願意伸手援助。

阿娘喂！這根本是變形金剛吧

農場為了要跟時間賽跑，通常我們必須凌晨3點半起床，然後開半小時的車，4點半前要集合，開始工作到傍晚5點左右。第一次看到採大番茄的機器，讓我們目瞪口呆，心想，這是變形金剛吧！一台大機器可以坐20人，一片掃過去，大家都手忙腳亂的採。到了中午，高溫常高達35度以上，所以都要多補充水分，避免中暑。

工作小錦囊

地點 番茄比較屬熱帶水果，大多集中在北部
工作內容 每天會公布當天採番茄需要的顏色，通常太紅就直接採了丟地上當肥料
薪資怎麼算 1小時$18
工作時間 量產期 04:00～17:00

地瓜的一生：採葉、種植、採收、包裝

一根根的蕃薯藤都是大家一根根的種的

　　地瓜在澳洲的價格非常的高，是經濟產值極高的蔬菜之一。我從來沒想到可以參與一樣蔬菜的整個成長過程。第一次是早上7點到田裡甩地瓜，因爲較早之前已經用機器把地瓜從田裡翻出，我們只要抓起地瓜葉的部分，用力一甩，地瓜就會掉下來。後面的夥伴再拿籃子裝箱，太大、太小、太畸形都不要，接著直接送到包裝廠。

種地瓜，指甲太長很容易受傷

　　第二次是種地瓜。一大早先到地瓜園砍地瓜葉，準備下午用地瓜藤種地瓜。砍地瓜葉時，會發現很多小動物，像青蛙、蛇、超肥大的毛毛蟲，都會不經意地嚇你一跳，強迫你大哭尖叫。地瓜是一種非常賤的植物，只要把地瓜藤往土裡一塞，它就能活得好好的。但是把地瓜藤塞進土裡卻很不容易，若是指甲太長，很容易受傷，但大約在完成20公尺後，你就會發現手指頭因爲重複將地瓜藤插入土裡而失去知覺。

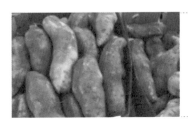

工作小錦囊
地點　大多集中在北部與東部
工作內容　割地瓜藤，種地瓜
薪資怎麼算　1小時$18
工作時間　07:00～11:00

49

裝箱後，還要再
分一次大小

　　跟其他的包裝廠動著上百員工不同的地方是，我待的包裝廠很小，老闆加員工全部才8個人。好處是每天都有工作，壞處是每天都會看到老闆。

　　第一次到老闆Jacky家是包青椒，才發現原來紅椒是青椒變成的。當時對她的印象就是講話很大聲、很愛罵人，講的澳式英文口音超重。沒想到在草莓季後，我們還有機會到包裝廠工作，這是很多背包客夢幻工作。相對於在淡季的草莓，一週領到$200～300的工資，在包裝廠只要2天就可以賺到了。但是這還是辛苦錢，小小的包裝廠只有我們8個人和Jacky一起工作，所以大家什麼都要做，無論是裝箱分類或是最後的清潔大家都要一起分擔。

機器把裝滿地瓜
的籃子舉起

工作小錦囊
地點　郊區農場附近的包裝工廠
工作內容　篩選、秤重、裝箱
薪資怎麼算　1小時$18
工作時間　07:00～17:00，最晚曾經到23:00

一箱箱淨重20公斤，
男生1天要移動上百箱

斷掉的、奇怪的就當垃
圾，直接送去當肥料

地瓜上的土，機器
沒辦法百分之百的
洗乾淨，一定要人
工清洗一遍

機器篩選，8人就能Hold住包裝廠

　　為什麼包裝廠8個人就夠了？因為有專業的機器幫忙篩選，無論大小、顏色都可以精細的篩選19種不同分類。所以開始只需要1個人把番茄倒入機器清洗、2個人把不好看與有紋路的番茄挑出、2個人站在分果機器前，把滿箱的番茄推到輸送帶、2個男生搬箱子和Jacky決定大小顏色的分類即可。但若是遇上機器分類的功能壞掉，就會非常的麻煩。我們曾經從早上6點半開工一直到晚上11點才下工，隔天還是要正常上班，這樣持續了好一陣子，因為在澳洲機器壞掉，要請維修工人需要預約，等他從大城市過來檢修才行。

　　包地瓜就不需要太多時間，但是男生就很吃力。一箱20公斤的地瓜，需要反覆的搬上百次，一天下來，腰真的會超痠痛！通常採回來的地瓜會先用機器清洗，把外層的土洗掉。澳洲人對食物的精緻度也很挑剔，太大、太小、太奇怪的，都會當次級品或當肥料直接埋掉。

Beautiful Memory

1.趁著秤重的空檔，塞支棒棒糖在嘴裡補充能量／**2.**中間戴白帽的是Chirs，跟我是同一個語言學校，沒想到在草莓場遇到／**3.**最後一天上班連Supervisor都來跟我們合照／**4.**雨鞋是農場的標準配備，一雙$20～50不等／**5.**感覺好像在拍一部偶像劇《我在農場的日子》／**6.**工作不忘跳拍

台灣老媽的衝擊

我女兒去當台勞！

　　有天我很高興的打電話回家，告訴家人最近在種地瓜，雖然很累，但是終於了解地瓜的生產過程。沒料卻換來我媽一句：「辛辛苦苦栽培女兒到大學畢業，卻跑去種地瓜！」聽到媽媽這麼說，我非常的難過。我想，這就是台灣失業率不斷升高，與競爭力一直在下降的原因。台灣的傳統觀念是讀書才有前途，加上考大學的門檻低，就造成一些傳統產業與服務業上，人才的職缺與招募不易，是否我們也可以學習歐美國家的觀念，學歷是留給需要的人繼續深造的。

　　在台灣，沒有念大學好像沒完成基本學歷，大學畢業後，又不太想做只需高中學歷就可做的工作。但是，澳洲大學的學費非常昂貴，所以想要上大學的人大多跟政府貸款，如果你並非想從事「專業」或「專門」的工作，很多人都只念到高中職畢業，參加府的「勞工訓練」即可。在亞洲，我想最困難的莫過於「萬般皆下品，唯有讀書高」的精神烙印在我們思想太深刻了。

大廚先修班

Soda、Terry 帶你抄捷徑

生活就是不斷「金金」計較

在澳洲，生活費到底要怎麼算才合理？

＊全書幣值以澳幣計算

通常「住」是生活上最大的支出，所以扣掉住宿費就是可支配金額。
我住過一週$150，連網路都包的度假勝地，但伙食費和生活必需品的價格也很高。
也住過一週$80的郊區老房子，房東還會送青菜水果，但是網路就要自己想辦法。
大城市裡的雙人雅房一人一週約$115，含網路，生活物價低，但是誘惑相對高，存錢不容易。
而取捨間就是方便性與機動性的選擇。

　　「都市」澳洲幾個有名的城市，以及周遭的衛星城市，車程在5小時內，
靠海地區。通常的好處是物價較低，無論是食物或生活用品，因為競爭激烈
與人口集中，通常物價是郊區8折左右。尤其是華人圈的聚落，價格幾乎與
台灣價格同步。但是都市裡住的品質較差，通常是小小一間雅房，或是遇到
無良房東，把房間裡擺滿了上下鋪，房價一週要價通常$100以上。

　　「郊區」是大約開車5小時以上的地方，人口不集
中，除了知名超市以外，沒有其他選擇的地方。通常物
價會比較高，購物較不方便。除非是背包客集中、農場
也集中的地方，生活機能就不會太差，房租價格也可以
找到一週$100以內。但是如果沒有車，就會像沒有腳一
樣，哪裡都去不了，到哪都不便。不過好處是，農場的
薪水，往往是都市裡餐廳工作的2～3倍之多。

生菜沙拉與炒蔬菜牛肉，最後加
一個海帶蛋花湯就是幸福的晚餐

5個來自3個不同國家的背包客，雖然文化衝擊很大，但是心很近

人口眾多，趁特價時要大買

勤儉持家！每人每週$40超省耶

剛開始我跟Jayla想法是一個人一週花$20，所以5個人一週的伙食費控制在$100左右，但是經過時間證明大家的食欲是無限大的，短短的一個半月，Hiro和Benjamin各胖了7、8公斤。最大的原因在於作息正常，工作跟運動一樣規律，下工就回家吃飯，Day off時在家吃零食烤蛋糕，於是，不知不覺下大家都胖了一圈。

不過伙食預算還在大家生活的安全範圍裡，每週結算，一個人一週大約在$50左右，其中含大約$10的車資油錢。換個方向想，在澳洲吃最便宜的外帶速食，一份約$8以上，一週也要$56以上，所以一週一人的伙食費$40，其實非常節省。下一頁為5人一週的伙食開支預算表，可以提供大家作預算拿捏時的參考。

吃飽增肥，食材、預算大公開（5人1週為例）

項目	數量	約略價格	平均每人一週開銷
米	1包(10公斤)	特價時1包$16，約2週吃完。5人1週$8	$1.6
吐司	5條	1條$1.5，共$7.5	$1.5
雞蛋	3盒	1盒$2.5，共$7.5	$1.5
捲餅皮	1包	似中式蛋餅皮$7	$1.4
香腸	1盒	香腸1盒24條$10	$2
培根	1盒	培根約$8	$1.6
青菜	數種	高麗菜$5、青蔥$2、洋蔥$2、胡蘿蔔$2 馬鈴薯$2、葉菜類$5，共$18	$3.6
肉、海鮮	數種	牛肉$15、雞$5、豬$8、海鮮$8，共$36	$7.2
調味料	數種	可長期使用，平均1週約$10	$2
點心	5樣	每人可選1樣，預算為$4	$4
飲料	數種	通常預算有$10	$2
Pasta	5包	自有品牌1包$1.4，共$7	$1.4
Pasta醬	4罐	Barilla與其他品牌，共$10	$2
水果	數種	當季水果$5	$1
牛奶	5瓶	5公升$5	$1
其他	數種	每個人的失心瘋預算$6	$6
總結			**$39.8**

以上數據由會計兼出納Jayla提供

澳幣算法大不同

　　因為澳幣銅板的面值有2元、1元、5分（cent，5¢）、10分（10¢）、20分（20¢）、50分（50¢），但是到市場交易時，買賣常常會遇到小數點第二位不是為5¢的價格。這時就會啟動2捨3入、7捨8入的運算機制。譬如：購買金額為2.03（2元3分），這時要2捨3入，金額就會是2.05元。假如金額為2.07（2元7分），這時就要7捨8入，要付2.05元；若是2.08元，則「8入」為2.10元。

　　我個人有幾次經驗是遇到店家沒有10¢、5¢可以找零，塞了幾顆糖果或巧克力給我作為補償。明白2捨3入、7捨8入的意思了嗎？看看表格，你也嘗試自己進位看看！

小試身手算算看

價格標示	正確應付	使用方法
2.22	2.20	2捨3入
2.93	2.95	2捨3入
2.97	2.95	7捨8入
2.98	3	7捨8入

澳幣台幣的換算

澳幣金額	約為台幣
1元	30元
2元	60元
5分(5¢)	1.5元
10分(10¢)	3元
20分(20¢)	6元
50分(50¢)	15元

澳洲一律以「公斤」計價

　　在台灣，大家跟媽媽到傳統市場買菜，小販都是以「秤斤論兩」方式做計價，常稱的「一斤」，指的是「0.6公斤」。但是在澳洲可大不相同，澳洲的重量計算方式一律用「公斤」或是「公克」作為計算單位。所以到了澳洲，如果要跟在台灣的家人比較「物價指數」，記得要作單位的換算。

	公斤(kg)	台斤	公克(g)
1公斤(kg)	1	1.67	1000
1台斤	0.6	1	600

下廚必備品，廚房用具大車拼

最快認識廚具英文與中文的方法，就是到Big W和Kmart的廚具專區，逛一圈肯定收穫不少。下廚前總是要了解、備妥所需的工具，以下是我整理本書常常會出現的廚房用具。

刀子 Knife

在澳洲你不會看到剁刀，所有的刀子都是台灣稱為「水果刀」的刀子。因為多人使用，加上沒有人保養，所以刀子通常都非常的鈍。建議可以拿刀子在瓷器盤子背面畫幾刀，短暫增加刀子的銳度，或是拿著刀子請隔壁鄰居幫忙磨刀，因為大部分澳洲家庭都有簡易的磨刀器，而最佳的狀況是遇到廚師室友有工具可以幫忙。

剪刀 Scissors

如果可以，會建議背包客從台灣帶一把剪刀過去。剪刀可以代替菜刀之使用，可以剪肉、剪菜、剪雞肉等。因為我好幾次因為刀子不利，切肉切到發脾氣，最後直接買一把剪刀，幫忙度過不少「剪肉」的日子。

平底鍋 Saucepan，鍋鏟 Spatula

請大家要切記，用完平底鍋後，清洗時不要用菜瓜布或鐵刷，因為會破壞平底鍋的鐵氟龍材質，而釋放出有毒物質，而且不沾鍋的功能就會消失不見。如果習慣用炒鍋的朋友可能要失望了，在國外飲食習慣與爐子的關係並不適合用中華炒鍋烹飪。

鍋子 Pot，鍋蓋 Lid

用途最廣泛的廚具之一，無論是煮湯、燉肉、還是煮泡麵都不可或缺。

砧板 Chopping Block

強烈建議不要用木頭的砧板，因為清洗不易，且容易滋生細菌。澳洲大部分家中以塑膠砧板居多，建議生食與熟食的砧板分開。

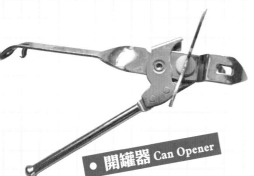

● 開罐器 Can Opener

開罐頭是我最大的罩門，我永遠都找不到角度打開，這種開罐器看似可以輕易打開罐頭，但我依舊拿著罐頭和開罐器向別人求救。

● 烤盤 Bakeware，鋁箔紙 Aluminum Foil

到澳洲後，這2種用品突然晉升使用頻繁度前3名。無論是烤雞腿還是烤馬鈴薯都超實用的。而鋁箔紙也是郊遊烤肉必備工具之一。

● 沙拉盆 Tub，撈麵杓 Pasta Ladle

喜歡開Party的人一定必備的沙拉盆，除了拌沙拉，也可以拿來放餅乾，非常的實用，造型很多，可以到賣場選購。使用撈麵杓撈麵非常的好用便利，不用像在以前拿著筷子一邊夾一邊掉。

● 電子鍋 Rice Cooker

記得拿到房東送來新的電子鍋隔天，我們就迫不及待的煮電鍋滷味。大賣場自有品牌電子鍋很便宜，但很傻瓜，煮出來的飯通常都太乾，所以建議可以放比平常多半杯的水，或是電源跳起後立刻拔插頭，用餘溫收水即可。

● 爐子 Stove

通常澳洲的爐子都是用電發熱，很少會有火。因為瓦斯管線鋪設不易，運輸成本又過高，所以通常都是電發熱的爐子。順帶一提，如果烤肉時需要使用瓦斯，可以到加油站買瓦斯桶即可。

冰桶 Ice Bucket

出海釣魚、郊遊旅行或是公路旅行必備的冰桶。有分尺寸大小，對於長期開車流浪的背包客很重要，可以幫肉類和飲料保持一定的溫度。我有位在農場工作的夥伴就為了要吃涼麵帶冰桶上班，讓許多老外大開眼界。

烤箱 Oven

澳洲廚房基本配備，通常跟爐子一體。如果講究烤箱的家庭會另外添購智慧型烤箱。使用烤箱後要保持乾淨，否則會下次烤東西會有異味附著。我曾遇過少根筋室友烤蛋糕時，因為溫度與蛋糕沒有配合好，在烤箱內發生一場小火災。

大同電鍋 Rice Cooker

這是每個出國的留學生行李箱一定要有的東西。大同電鍋不單單可煮飯，燉湯、蒸蘿蔔糕也行，滿足獨在異鄉的遊子想家的滋味啊！用大同電鍋煮出來的飯就是特別好吃，而且回國前轉讓率極高，也不用怕沒人要。

過 來 人 經 驗 談

出發前一定要裝進行李箱的東西

Terry之前二簽回澳洲，打包行李時優先考慮的2個廚房小幫手。

1. **台式開瓶器**：澳洲的開瓶器看起來很厲害，但是完全不好用，反觀台式開罐頭與啤酒的10元開瓶器，體積小又好用。
2. **削皮刀**：澳洲的削皮刀十分的難用，所以出發前，請到五金行買把削皮刀吧！

萬事俱備，等什麼？下廚吧

在澳洲如果不會煮飯，又想要省錢，就是注定吃泡麵與麵包一整年。最便宜的外食通常都是速食店，價格在$7～10不等，除非你願意選擇Subway，大約在$4～7左右。而通常到華人餐館可以點到約$10～15一份的牛肉麵或炒飯；一般價位的印度餐廳、泰國餐廳或是西班牙餐廳，一個人用餐約$20～30，這都還不包含酒水費。

所以很多人跟Terry一樣，在台灣從沒做過一道正式料理的夥伴，到了澳洲因為要「活下去」，激發了自己料理的本能。

Jayla是烤箱達人，舉凡蛋糕、烤牛肉都是她的強項

我需要準備什麼？

材料：蔬菜、海鮮、豬牛羊、雞鴨鵝、油鹽醬醋……

建議加入：用心、關心與愛心

工具：鍋、碗、瓢、盆

我要怎麼做？

1 洗菜、挑菜蟲、切肉、去骨……想吃什麼就備什麼料

2 加熱、注意火侯

3 加上調味料，視個人口味斟酌

4 起鍋上桌，吃飯囉

5 清洗用過的廚房用品，給下個人一個舒適的做菜空間

其實做菜並不難，最難的事情是下定決心要做菜這件事。

別急，慢慢來！在澳洲時間很多，像我每天都在採草莓跟包地瓜時，一邊工作、一邊思考晚上要做的菜有哪些、要用什麼食材、口味上搭配可以嗎？只要好好的把食材與工具都準備好，你就可以開始「洗手作羹湯」。

過來人經驗談

相信我，你真的要學著做飯

在澳洲如果不會煮飯只有3條路可以走，一是多賺錢，餐餐吃外面；二是找個願意幫忙的夥伴，你花錢買食材，他負責做飯給你吃的好人；三是餐餐吃泡麵與麵包，半個月後開始營養不良。但以上3種方法都不是長久之計，既然都隻身來到澳洲當背包客了，就開始學著做菜吧！因為用美食作交流是最快速交到新朋友與跟人拉近的最好方法。

工欲善其事，必先利其器

標準的澳式居家廚房，上面是爐台，下面是烤箱，缺點就是沒有抽油煙機

在澳洲旅行不像在東南亞或台灣旅行，肚子餓了找間餐館吃飯解決就行了。
Benjamin曾經說我最厲害的適應力是在廚房，可以走到哪裡煮到哪裡。
沒辦法，誰叫澳洲外食那麼貴，連最基本的麥當勞或漢堡王，隨便一個套餐都要$8以上！
澳洲人家中的廚房都是走開放式，畢竟他們沒有大火快炒，或是煮麻油腰子的料理，
不需要另外隔一個空間給廚房作使用。這邊就跟大家介紹我在澳洲遇見的廚房。

　　不同的廚房會遇到不同的人。記得在學校時，每到中午休息時間，廚房裡幾乎都是亞洲人，因為歐洲人都直接到學校餐廳買午餐吃。但也有例外，我認識一位巴西女生，因為吃素的關係，下課後總是到廚房洗菜、切蘋果。而其他同學擠在微波爐前，等著加熱便當，韓國同學擠在爐子前煮道地的韓國泡麵。其實，每天交換午餐的菜單，也算是種另類的國民外交。

澳式居家廚房

　　在Bundaberg家的廚房，有非常標準的澳式上爐子下烤箱，還有冰箱與流理台，沒有抽油煙機，所以每次大火快炒或加老干媽的時候一定要把門窗打開。在家電行看過爐子與烤箱組合的售價，沒想到出乎意料的便宜，大約在新台幣2萬元左右，而且不占空間又方便使用，缺點是火力不夠，每每要大火快炒時，總覺得不夠力。

公園的BBQ台適合背包客與假日戶外烤肉，使用完畢後一定要清理乾淨

澳洲家中通常也都會有一台BBQ料理台

夏日的Xmas Party，搭配生菜沙拉一起慶祝

BBQ料理台

在澳洲家裡沒有BBQ台，就不算是個完整的家。別小看BBQ台，他可以精準的測量溫度，控制火候，所以每當要吃牛排或是烤雞腿都會到BBQ台做菜。通常會讓BBQ台溫度加熱至200度後，放上牛排灑點鹽巴，翻面後蓋上2分鐘後就完成了，5分熟的完美牛排，鮮嫩又多汁。

當你四海為家或長途旅程時，公園裡的BBQ台是你的救命恩人。只要上路前準備冰桶放在車上，經過超市買牛排、漢堡肉、生菜、麵包就可以找個BBQ台自己煮一餐。但是在用完後要記得清潔乾淨，還給下個使用者一個乾淨的環境。

假日的BBQ，孩子們都會主動幫忙

露營車就像一個行動的家

露營車上一應俱全的廚房設備

一起擠在車屋裡吃晚餐，很幸福很溫暖

貨櫃屋廚房

　　這是Hiro之前住的車屋裡面的廚房。第一次到他家拜訪，為的就是看他口中神奇的車屋社區。車屋類似貨櫃屋，裡面可以住2個人，各睡在一前一後，中間是客廳與廚房，雖然不大但是該有的一樣不缺，只是廁所在外面的公共區域，如果遇上了下大雨還要撐傘去上廁所，比較不方便。

露營車廚房

　　房東爸爸有個哥哥叫Buddha，偶爾會開著露營車到Bundaberg找他。以車為家的Buddha特地讓我們上車參觀他的家，裡面可以睡4、5個人，有廚具、流理台、冰箱、微波爐、浴室廁所、2張床和電視等。比我在日本念書的同學租的套房還大，難怪常常會看到退休後的老夫妻開著露營車公路旅行。

大家都興奮的擠在露營車前拍照

Port Campbell Hostel 的
廚房完全沒有油煙，
且設計很有品味

背包客棧的簡易廚房，
使用過後要保持乾淨

Hiro 偶爾會來點日
本味的梅乾泡飯

背包客棧的公用廚房

　　家族旅行到Byron Bay時住的背包客棧裡的廚房，非常的簡陋簡單，有必備的烤麵包機與瓦斯爐。通常背包客棧因經營者的要求不同，廚房的設備與清潔度有很大的差異。有些會保持的超乾淨、有的只要求洗過即可，當然這跟價格與經營者的態度有很大的關係。

　　到大洋路旅行時投宿的背包客棧Port Campbell Hostel，廚房非常的乾淨，已經到了高級的境界。在我們使用前，還有一團30人的旅行團使用過，但是大家似乎都有「如果使用後不整理乾淨，感覺很沒公德心」的感覺。客棧冰箱還有一區是剩餘食物區，供大家免費使用，油、鹽、糖、茶包與咖啡都是免費索取的。

Terry 在技術指導
大家料理

食在好好玩

超級市場

澳洲主要超市有Woolworths、Close、IGA、ALDI，每一家超市都有各自的自有品牌，雖然價格較低，但是品質卻沒有打折，非常適合背包客選購。雖然偶爾有品牌上忠誠度的考驗，但還是可以推薦大家多嘗試。特別提醒亞洲的背包客們，除非是大城市，不然在澳洲的超市都是週休2日，或者只營業到週六下午5點，週日公休，重要的節慶如：聖誕節、復活節、跨年等都是不營業的。所以千萬別抱著明天假日Day off要到鎮上大採買，可是會白跑一趟的！

Woolworths、Close

晚上8點生鮮食品常特價

四大超市品牌，除了ALDI是從歐洲漂洋過海而有些不同外，其他3家店內擺設與價格都大同小異，特別是Woolworths、Close同質性出奇的高，商品通常都輪流特價，在澳洲每個城鎮都可以找到他們的店面，通常在晚上8點過後生鮮食品會有特價，如果有時間的人可以到超市撿便宜。平常若閒暇之餘，也可以好好地穿梭2家超市做價格比較，這也算是在澳洲生活的樂趣之一。

IGA

駐點於加油站、雜貨店

另一家IGA的分店，雖然價格通常比較高，但是卻滲透到澳洲各鄉鎮聚落。因為澳洲地廣人稀，運輸成本高，在許多鄉鎮的加油站、雜貨店都可以看到IGA商品的蹤跡。而在一些比較大的SUPE IGA可以買到比其他超市更便宜的肉。

Woolworth遍及澳洲每個角落

ALDI

　　ALDI是德國品牌，較多集中在一、二線城市，在澳洲的規模雖然不及Woolworths、Close來的大，店內販售的商品95%以上都是自有品牌，價格硬是比其他的超市低，對於想省錢、品牌忠誠度低的人是非常好的選擇。而店內不提供塑膠袋，所有的商品陳列都非常的陽春，店裡的面積不大，工作人員也不多，把所有成本反應在價格上。如果需要大量採購可以索取現場的紙箱，跟早期台灣的萬客隆與Costco有點相似。

ALDI的擺設，雖然簡單但也一目了然

ALDI蔬果區賣的是當季新鮮水果

過 來 人 經 驗 談

超市不賣酒，要到專門酒鋪

保證最便宜的酒鋪

　　澳洲超市不賣酒，在超市附近通常會出現專門賣酒的酒鋪。裡面有各式各樣的酒：紅酒、白酒、烈酒、啤酒等等，都會分價格、等級，保證讓你看到眼花。

買酒時一定要帶身分證

　　要提醒廣大的亞洲背包客們，買酒一定要記得帶身分證明文件，因為就算你在同儕眼中看起來成熟，但在西方人眼中你就是個超級Baby Face。我就曾經有位日本同學，身分證上已經30好幾了，每次買酒還是被要求看身分證。

超市商品配置與翻譯

澳洲兩大超市Woolworths與Coles店內擺設幾乎都一樣：左邊是蔬菜水果與肉類、中間是食品與乾貨餅乾類、右邊是生活日用品擺設、最後面是冷凍食品與牛奶。這邊我特地請Terry到超市去拍商品擺設，也模擬超市看板的樣子與分類讓大家參考，當然真正的看板上是不會有中文的，超市看板上都會有編號及分類，藉此讓大家更快速了解與熟悉商品的位置。

1

Yoghurt	酸奶、乳酪
Chilled cheese	冷藏起司
Frozen poultry	冷凍家禽(雞、鴨、火雞)
Quick & easy meals	快煮料理、調理包
Butter & margarine	乳瑪琳、人造奶油

2

Ice cream	冰淇淋
Frozen fish	冷凍魚類海鮮
Frozen desserts	冷凍點心、蛋糕
Frozen vegetables	冷凍蔬菜
Frozen meals & pizza	冷凍肉類與比薩

3

Fresh bread	新鮮麵包、吐司
Confectionery	糖果
Jams & spreads	果醬、巧克力醬、花生醬
Fresh bread	新鮮麵包、吐司
Breakfast cereals	麥片、穀片

4

Cordial	濃縮汁
Stationery	文具用品
Canned fruit	水果罐頭
Breakfast bars	早餐棒、米果棒、代餐棒
Long life juice	保久果汁

5

Biscuits	餅乾
Party needs	宴會用品
Tea & coffee	茶與咖啡
Canned vegetables	蔬菜罐頭
Sugar & sweeteners	糖與代糖

6

Rice	米
Soups	濃湯罐頭
Sports drinks	運動飲料
Snacks & nuts	點心與堅果
Sauces & marinades	醬料與滷汁

7

Noodles	麵
Kitchenware	廚具
Herbs & spices	調味料與香料
Pasta &sauce	義大利麵與義大利醬
Flour & bread mix	麵粉與麵包配料

1、2.亞洲食品與國際食品。基本大眾的食材都可以找到 / 3.各式各樣的糖類區 / 4.乳製品專區 / 5.冷藏雞蛋區。有自有品牌，有機雞蛋 / 6.Pasta義大利麵專區 / 7.調味料專區 / 8.魚罐頭區。鮪魚罐頭、青花魚 / 9.義大利麵專區

傳統市場

很多人剛到澳洲一定會被超市裡的價格嚇到。但其實澳洲幅員遼闊，人工薪水高、運輸成本高，所以一般超市裡販售的物品自然會偏高。如果多花點心思，跟在地的朋友交換資訊，一定都可以在當地的果菜市場或是魚肉市場買到比一般超市更便宜、新鮮的產品。

Byron Bay每個星期四都有農產品市集

農民自產自銷的果菜市場

在郊區除了固定時間可以到農產市集撿便宜外，也可以到當地的蔬果市場尋寶。這些蔬果市場大多數是當地的農夫直接跟商家合作販賣，所以會比較新鮮便宜。但在選擇這些蔬果時，會發現賣相通常不好，原因是因為比較「漂亮」、「精緻」的都被大企業超市買走了，所以一些有瑕疵的次級品會在果菜市場出現。

完全由農民自產自銷

想吃魚、想買肉，這裡通通有

　　雪梨魚市場是喜歡吃海鮮朋友們的天堂，那裡不只可以買到各種蝦、蟹、貝類，還可以挖到超便宜的新鮮魚貨。

　　每個鄉鎮都會有專門賣肉類的販賣店，賣的種類非常細，舉凡豬腳、豬心、雞心、羊心或牛骨，都是約超市量販價格的8折。室友Lily就曾經在Brisbane的華人區Sunny Bank買到3隻$10的雞，雖然雞較正常的小，但是價格超級實惠；而我也曾經在肉店買到便宜的豬腳，雖然上面的毛拔的不是很乾淨，自己還要處理一次，但想念家鄉味的欲望是擊不倒的。

　　如果英文很破，又想到肉店買東西的人請不要害怕，比手畫腳加上聲音詮釋，相信店員很容易理解的。記得我剛到澳洲的時候，還曾經在肉店學「羊叫」！

喜歡聽著老闆用誇張的叫賣聲招呼客人

如果家裡有冰桶不妨帶上

看到招牌上的關鍵字，十之八九就是魚店了

過來人經驗談

祕密：釣魚店可買小卷回家烤

　　離開大城市後想吃魚，可以到當地的釣魚店或是港口邊專門銷售魚貨地方找即可。在工頭Sasa的介紹下，我們跑到了釣魚店買魚餌，但這魚餌其實是長約15公分的小卷。只要買回家清洗後，就可以烤來吃，500公克大約$5就可以買到了，另外還有賣些小魚，價格也非常的實惠。

加油站

在郊區的加油站，不只單單只提供加油，可能還是郵局、雜貨店或是小餐廳，偶爾可以看到外邊擺了一排的蔬菜水果，不要懷疑，對於幅員遼闊的澳洲，加油站不只是加油、借廁所的地方，還是當地居民補充生活必需品的小商店。一次到大洋路旅行時，就在一家複合式加油站買食材回背包客棧煮晚餐，順便買了明信片和郵票寄回台灣。

加油站居然也賣這些東西

小瓦斯桶

在台灣煮菜煮到一半如果沒有瓦斯，通常會打電話請瓦斯行送來，但是在澳洲，因為幅員太遼闊，除了大都市會有天然瓦斯外，通常煮飯的爐子都是插電式的。但戶外BBQ台和露營車大多會需要用瓦斯點火，所以大家都可以到加油站買小瓦斯桶。

營火木材

酷愛戶外活動的澳洲人，總愛開著露營車到處旅行，在冬天的夜裡吃過晚餐後，烤火取暖、一起聊天是再幸福不過的事情。通常在加油站也會賣營火用的木材，一包一包的放在蔬菜旁邊，如果有需要可以請店員拿給你。

最右邊是營火的木材

複合式店面跟台灣
的便利商店一樣大

冰塊

　　　　辦Party需要冰塊，不要擔心，加油站也賣冰
塊。跟台灣手搖飲料裡的冰塊一樣大，在澳洲加油站可以
買到一袋$5～7的冰塊回家使用。

動物飼料

　　　　　通常藏在蔬果櫃的最下層，不要懷疑，那就是
動物飼料。不但有狗糧與貓糧，還可看到家禽類食用的五
穀雜糧。加油站的商店賣的種類比台灣便利商店還齊全。

除了蔬果，
在下層也有寵物飼料

77

假日市集

在國外沒有夜市，但是在假日，大大小小的鄉鎮都會有假日市集或農產品市集。在郊區的假日市集大部分以農產品為主，許多農夫或是家禽類的飼主會把產品帶到市集販售，賺點零用錢；如果是在城市裡，可能會有農產市集、二手市集、創意市集等。所以，每當到新的地方，我一定會先打聽當地的假日市集在哪裡。

農產品市集

如果覺得超市裡面的生鮮蔬菜或雞蛋賣得太貴，不妨到農產市集撿便宜。到農產市集不只有吃有喝，快要收攤的時候還可以找到便宜貨。雖然賣像不好，但是價格非常的便宜。我們曾經買過大黃瓜一大袋，只要$2。

不同於印象中的傳統市場，這裡超乾淨的

帶著自家的農產品自產自銷

市集內此起彼落的叫賣聲，彷彿沒買對不起老闆

假日市集同場加映

二手市集

澳洲人很愛惜物品，很多東西都保存得很好，所以當東西不再使用時都會拿到二手市集轉賣給需要的人。無論是書、服裝、鍋碗瓢盆還是裝修工具，在二手市集裡，都可以找的到。我就曾經在市集裡買過衣服、鍋具等等用品。雖然價格不及大賣場全新的便宜，但大多數是有品牌的，非常耐用。

前面擺了一堆夢幻小物

很想跟她買衣服，但是都超龐克的

創意市集

喜歡藝術創意的朋友有福了！在大城市一定可以找到創意市集，來自世界各地的背包客或是當地藝術家，常會聚集在創意市集裡。當然如果你有特殊才藝例如：襪子娃娃、紙黏土、中國結、素描等都可以向相關單位申請，在假日擺攤賺點零用錢。我就曾經聽說一位用鐵絲折字的台灣藝術家，他賺錢的速度會讓你驚訝不已。

媽媽買菜，爸爸可以買杯咖啡看看表演，優閒一下

問過老闆了，這是個郵筒

可以請彩妝師幫小朋友彩繪

指指點點，採買食材真方便！

　　一開始到澳洲，我因為不會講英文與認單字，而鬧出了一些笑話，例如：想買雞腿時對著肉販說：「Chicken」，然後比著自己的大腿；也有次在超市攔了一位阿姨問「Lamb」是什麼？阿姨還很可愛的學「羊」叫，才令我恍然大悟。因為這些又糗又好笑的回憶，讓我在規畫本書的時候一定要有這個單元。

　　雖然新手做菜總是有點手忙腳亂，偶爾還會「蔥」與「蒜」傻傻分不清楚。但本書匯集了料理的食材照片與中英文對照，方便大家用圖找食材；而「菜英文」的小廚師們也不用怕，本書也提供了食材的英文名詞，只要在採買前規畫好要煮的料理，直接帶著本書一起去市場中英圖文對照，相信大家都可以在澳洲吃得健康又省錢。

肉品類
Meat

全雞
Whole Chicken

雞腿
Chicken Drumstick

火雞腿
Turkey Maryland

雞翅
Chicken Wings

雞肉拼盤
Chicken Nibbles

雞肝
Chicken Livers

雞心
Chicken Hearts

雞絞肉
Chicken Mince

豬骨
Pork Bones

豬絞肉
Pork Mince

豬五花肉
Pork Rashers

羊排
Lamb Roast Rack

羊腿
Lamb Legs

羊心
Lamb Hearts

羊腰子
Lamb Kidney

牛排
Steak

牛絞肉
Beef Mince

牛舌
Beef Tongues

牛肚
Beef Tripe

鹽醃牛肉
Corned Beef

袋鼠排
Kangaroo Steak

袋鼠肉串
Kangaroo Kebabs

袋鼠絞肉
Kangaroo Mince

袋鼠漢堡肉
Kangaroo Burger

兔子肉
Rabbit

加工肉品類
Processed Meat

火腿
Ham

香腸
Sausage

煙燻香腸
Smoky Sausage

袋鼠香腸
Kangaroo Sausage

培根
Bacon

海鮮類
Seafood

魚片
Fish

生蠔
Oysters

淡菜
Musscls

綜合調味海鮮
Seafood Marinara Mix

蔬菜類
Vegetables

生菜
Lettuce

萵苣
Iceberg Lettuce

南瓜
Pumpkin

佛手瓜
Chayote

地瓜
Sweet Potato

洋蔥
Onion

胡蘿蔔
Carrots

馬鈴薯
Potato

青蔥
Onion-shallot

小黃瓜
Cucumber

櫛瓜
Zucchinis

番茄
Tomato

薑
Ginger

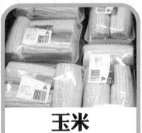

玉米
Corn

大黃瓜
Lebanese Cucumber

大蒜
Garlic

罐頭類
Cans

鳳梨罐頭
Pineapple Slices

甜菜根
Sliced Beetroot

玉米粒
Corn Kernels

水蜜桃
Peach Halves

鮪魚
Tuna

乾貨類及其他
Others

墨西哥捲餅
Tortilla

米
Rice

雞蛋
Egg

壽司海苔
Sushi Nori

豆腐
Tofu

花生粒
Peanut

香茅、檸檬草
Lemongrass

冷凍蔬菜
Garden Mix

指指點點，採買調味料真方便！

　　澳洲人習慣在家烹飪，加上幅員遼闊，到超市採買非常不容易，所以幾乎家家都會有一個擺放調味料的空間。我就曾經到OZ家作客，欣賞那一面擺滿各式調味料的櫥櫃，彷彿置身於香料專賣櫃前。對於平時習慣用油、鹽、醬、醋的華人，面對滿滿的香料架，只能嘆為觀止。

　　通常中式調味料只會在亞洲超市出現，而亞洲超市幾乎都是華人開的，所以大家不用擔心英文不通的問題，只要告訴店員想買什麼，就可以很輕鬆找到囉！在澳洲，華人超市可以買到亞洲所有的產品，但是在韓國超市幾乎是買不到韓國以外的產品，因此，從超市可以看出一個民族的個性。

中式區

沙茶醬

老干媽

李錦記

米酒

油蔥酥

龜甲萬醬油

蠔油

香油

韓式區

韓式辣醬

魚粉
Fish Powder

香油
Sesame oil

韓式蘋果醋
Apple cider vinegar

澳式區

番茄醬
Tomato Sauce

烤肉醬
BBQ Sauce

蒜頭醬
Minced Garlic

Bundaberg糖
Bundaberg Sugar

日式區

味噌
Miso

咖哩塊
Curry

義式區

義大利麵紅醬
Pasta Sauce

義大利麵白醬
Pasta Sauce

橄欖油
olive oil

初榨橄欖油
Extra virgin olive oil

綜合區

鹽
Salt

白糖
White Suger

奶油
Butter

胡椒粒
Pepper Medley

白胡椒
White Pepper

黑胡椒
Black Pepper

麵粉
Plain Flour

自發麵粉
Self-Raising Flour

沙拉油
Canola Oil

噴霧式食用油
Spray & Cook Canola Oil

起司
Cheese

泰式酸辣醬
Sweet Chili Sauce

魚露
Fish Sauce

望羅子醬
Tamarind Puree

泰式東炎醬
Tom Yum Soup Paste

乾辣椒
Dried Chili

八角(茴香)
Star Anise

指指點點，採買水果真方便！

在外面的遊子時常會忘記水果的重要性，水果不但營養，還能幫助消化。但對來自水國王國的台灣人來說，澳洲的水果根本就不夠看，而且價格都非常的高。在超市選購水果時，如果是葡萄或櫻桃類果實較小的水果，可以不客氣地摘顆起來試吃，好吃再買。

當然澳洲的水果不單單是這幾種可以選擇，還有整年都有賣的蘋果，和超多品種的西洋梨。雖然最後還是會覺得還是台灣水果好，不但多樣性選擇，價格也較便宜，但是人在異鄉，還是入境隨俗，將就一點吧！

櫻桃 Cherry

沒錯，你沒眼花！1公斤要價$28，折合新台幣近900元的櫻桃有人買嗎？其實這個價格是美國西北櫻桃的價格，在每年1~2月澳洲櫻桃產季時，可以看到最便宜1公斤$9的櫻桃，而且超大、超甜。

草莓 Strawberry

在農場摘草莓的日子裡，每天都一邊採一邊吃。雖然這種行為是不允許的，但是看到漂亮又大的草莓總會忍不住，而且常常會看到缺角的草莓，這是因為一大早被野兔搶先一步吃掉。

白櫻桃 Rainier

一次在超市架上看到白櫻桃，一盒要價$9，考慮了10秒就放到了購物籃裡。表面呈現粉紅色，甜而不澀的口感會讓你一個接一個。

黃金奇異果 Kiwifruit

在地理位置上，澳洲跟紐西蘭是如此的近，但卻沒有因為距離而將價格反應在奇異果上。但是澳洲的奇異果盒裡都會貼心地附上有鋸齒狀的小湯匙。

洋香瓜 Melon

絕對沒有誇張,吃的時候要小心,因為很容易甜到頭暈。香瓜的價格非常便宜,2顆$1就可以買到了。因為澳洲日夜溫差大,所以瓜類水果不僅含水量高,甜度也非常夠。

番茄 Tomato

在澳洲番茄是屬於高價水果,尤其是小顆的Cherry Tomato更是昂貴,一小盒居然要價$3,我採一大桶也是這個價錢。

芒果 Mango

12月的夏天就可以在公路邊看到一棵棵果實纍纍的芒果樹。摘的時候要非常的小心,芒果的汁液有毒,被噴到馬上會紅腫,又癢又痛,嚴重會有灼傷感。所以摘芒果的時候一定要把皮膚包起來。

西瓜 Water Melon

最開始西瓜上市時,家裡的男生一直吵著要吃,但1公斤要價$9整顆買下來最少都要$20。隨著天氣漸漸熱,我們最後一次買西瓜是在路邊,沒有人顧的卡車上任選一個$2,之後包裝廠的Jacky就開始供應西瓜給我們帶回家吃。全盛時期大約有20粒在家裡待剖。

大家逗陣來Cook

ing!

義大利麵
Easy Pasta

義大利人教會我的菜

好朋友到家裡作客

在 亞洲，大部分的民族是習慣食用稻與麥，作為主食與能量的來源，而在歐洲與美洲語系民族，卻把義大利麵與馬鈴薯作為主食。所以在澳洲最常吃的一道菜，就是用各式各樣的「醬」與「麵條」所烹飪的義大利麵。這道料理不但方便，同時也非常的省錢，是背包客必學的一道菜。而義大利麵品牌、種類、粗細、長短、造型就有上百種讓人選擇，選好要吃的Pasta，就可以開始料理了。

非常感謝在澳洲遇到的義大利同學與捷克同學對我的指導，因為一開始我煮的Pasta，連自己都嫌難吃，只好趁室友在做飯時偷學。亞洲人煮Pasta就像老外用電鍋煮飯，永遠都少一味。要煮出好吃的Pasta真的不難，只要掌握好步驟，其實「易如反掌」。

煮好的義大利麵如果是做涼拌可以泡冰水降溫，然後加入橄欖油靜置一旁；但如果是要煮紅、白醬的義大利麵，可以在煮好醬汁後，直接加入快速拌炒，讓醬汁可以充分跟義大利麵融合在一起，但千萬不要再另外沖水，因為把麵體上的澱粉沖掉後，義大利麵會很難吸附醬汁，而失去了原本的風味。

一人份到底要下多少麵

煮Spaghetti大家非常頭痛麵和水的用量。這邊請拿出台幣10元或澳幣20分，一人份的Spaghetti，一束大約就是一個銅板圓周的面積；水量則是100公克麵條用1公升的水煮。

為什麼煮Pasta要加橄欖油跟鹽

很多人對煮義大利麵要加鹽、加橄欖油都有迷思。其實好義大利麵的生產製程非常講求，我曾經花比超市架上多3倍的價錢買手工製義大利麵，光是在煮的過程就讓我興奮不已。好義大利麵煮的時候就算不加橄欖油，也不會黏在一起，因為澱粉不易直接從麵裡釋放出來。加油是為了不使其沾黏、鹽巴則是為了增加麵的口感與醬汁吸附的能力。

Pasta 怎 麼 煮

我需要準備什麼？

材料：義大利麵、橄欖油、鹽巴

工具：湯鍋、義大利麵杓

我要怎麼做？

1 將水煮至沸騰水滾，然後在水中加入鹽巴與橄欖油

2 將麵條下入滾水中，要在旁一直攪拌，避免麵條沾黏

3 依個人喜好掌握義大利麵的軟硬程度(試吃，或取一條麵條拋上天花板或牆壁上，如果不會掉下來就表示煮好了)

4 將煮好的義大利麵起鍋，瀝乾備用

架上一眼望去，都是Pasta

大推特級冷壓初榨橄欖油，讚！

橄欖油對熱愛料理的人就像是紅酒一樣，有不同的年分、等級與製作過程。在澳洲的超市可找到超多種類的橄欖油。而特級冷壓初榨橄欖油(Extra Virgin Olive Oil)，可以說是橄欖油界的天后，富含豐富的維生素，而且低油煙，通常會用在涼拌生菜或是煮義大利麵條，也因此，並不適合用來煎肉或炸薯條。

大管麵：管麵適合湯汁多的料理

馬鈴薯麵疙瘩：放個青江菜、筍片與肉片就變成台式疙瘩

Spaghetti：最廣泛使用的麵條

斜管麵：通常用在焗烤

小管麵：我的最愛，非常有嚼勁

蝴蝶麵：世界知名品牌，通常是架上單價最高

天使髮絲：很多人都很愛

蛋麵：我稱它為外國的陽春麵

白醬達人，什麼牌子都用過

寬麵細麵不同風味

Benjamin煮的白醬海鮮Pasta超好吃，大概一個禮拜會要求他做一次給我吃。因為甜甜鹹鹹又有濃郁的奶香，讓我一口接一口，吃掉2人分量的義大利麵。這道白醬義大利麵，Ben一直強調是他無師自通，在嘗試過超市架上所有的白醬品牌，無論是昂貴的歐洲品牌或者是便宜的自有品牌，他都買回家親自煮過，而最後脫穎而出的是Leggo's的白醬，因為這個牌子最貼近東方人的口味，雖然價格略高，但是好吃最重要，通常原價約為$3左右。

雖然如此，Ben剛到澳洲時，除了煎牛排外根本不會做菜，讓我懷疑Pasta應該是他義大利帥哥室友指導他做的。

白醬海鮮義大利麵

我需要準備什麼？

材料：白醬、牛奶、黑胡椒粒、義大利麵、綜合海鮮(Mix Seafood)、蒜頭醬、橄欖油、白酒

建議加入：糖、洋菇、綠花椰菜

工具：平底鍋、鍋鏟

● 就是要精打細算

洋菇在Pasta裡有畫龍點睛的作用，通常超市賣1公斤約$9.99，如果遇到特價時，1公斤價格大約在$7.99，我曾經在果菜市場買過一大包，大約500公克才$50分。Extra Virgin Olive Oil特級冷壓初榨橄欖油，超市自有品牌1瓶價格約在$3～4左右。

涼拌也很讚

我要怎麼做？

1 根據P.95的義大利麵煮法，煮好Pasta備用

2 將橄欖油加入平底鍋，接著加入蒜頭醬爆香

3 放入海鮮拌炒，加入些許白酒

4 當海鮮7分熟後，可加入洋菇與蔬菜

5 接著先放入白醬，拌炒後放入牛奶；轉為文火，並不斷的翻煮攪拌

6 放入煮好的義大利麵拌勻，起鍋前放一點糖與黑胡椒粒

最速成的義大利麵

貨架上很多選擇，會讓人眼花撩亂。

到了澳洲想換換主食口味嘗鮮，Pasta一定會是你的首選。煮Pasta同時也是最方便、經濟實惠的料理，裡面有肉有菜，比起米飯，麵條的選擇性更多，所以有機會可以多認識些歐洲人，麻煩他們指導煮義大利麵是最快速道地的方法了。真正開啟我煮Pasta是我來自捷克的室友，他完全不會做菜煮飯，卻超會煮Pasta，還跟我炫耀，如果有材料，他可以手工做出義大利麵條。

紅醬也是這道菜另一個主角，如果沒時間與信心用番茄慢慢熬紅醬的朋友，可以先嘗試我推薦的Barilla紅醬，之後廚藝成熟，可以直接在Pasta醬料區的最下層找到便宜又大罐的番茄醬(Tomato Cooking Sauce)，自行調味，做成自己風味的Pasta醬汁！

番茄肉醬義大利麵

傳說中便宜又大碗的「番茄醬」

我需要準備什麼？

材料：紅醬、蔬菜丁、義大利麵、橄欖油、牛絞肉或鮪魚罐頭、紅酒1小杯

工具：平底鍋、鍋鏟

● 料理小提醒

Barilla是義大利紅醬的首選：在語文學校遇到許多來自歐洲的同學，大家一致推薦Barilla這個牌子的義大利麵醬，在歐洲超過100年的經典歷史，價格約5歐元(相當於220元台幣)，在澳洲特價的時候可以買到2罐$5澳幣。我曾經因為貪小便宜，使用過他牌的醬料，發現效果不好，之後就發誓只對Barilla忠誠了。

我要怎麼做？

1 根據P.95的義大利麵煮法，煮好Pasta備用
2 平底鍋加熱用橄欖油與蔬菜丁先拌炒
3 加入牛絞肉與紅酒燉煮，讓兩者充分融合
(如果是用鮪魚罐頭代替，建議不需要加紅酒，直接跟紅醬拌炒即可；害怕酒味的人也可以直接將肉放入與蔬菜丁拌炒)
4 放入紅醬拌煮，轉文火燉煮
5 起鍋前放入義大利麵，充分拌勻醬汁即可

連洋蔥都一起加進來的「什錦紅醬義大利麵」

98

誰把Pasta變開胃菜？

在學校的時候，Benjamin喜歡到我家做晚餐，跟我和Jayla一起吃。一天他做了這道開胃的涼拌Pasta，讓我和Jayla連吃了好幾盤，特地要求Ben在我們的Party上，幫忙做這道開胃前菜給大家，客人們都愛死這道菜！後來Ben也不斷的創新添加豐富的配料，加入了火腿丁，玉米，連蝦子與酸黃瓜都入菜了，而那時的檸檬，也因產季的關係，被我們改換成了葡萄柚。

涼拌 Pasta

我需要準備什麼？

材料：義大利麵、橄欖油、生菜、洋蔥、蒜頭醬、糖、檸檬、Balsamic葡萄酒醋、Parmesans起司粉

建議加入：火腿、小熱狗、蝦子、番茄、酸黃瓜

工具：大鍋、義大利麵杓

● 料理小提醒

葡萄酒醋是重要配角：Balsamic Vinegar是義大利名產，在義大利廣泛被使用，無論是吃沙拉沾果醋，或是代替傳統的烏醋，都很好用。通常超市會有的自有品牌$3～5左右。

● 就是要精打細算

酸黃瓜有很多種類，有切片或未切片，價格約$2～3；生菜可在超市蔬菜區自助夾取較為便宜，1公斤約$16左右，通常自己夾一大包約為$5～7左右。

我要怎麼做？

1 根據P.95的義大利麵煮法，煮好Pasta備用

2 檸檬汁、葡萄酒醋、蒜頭醬、糖、橄欖油在碗裡拌勻

3 將蔬果洗乾淨切片

4 煮熟的義大利麵一定要沖冷水放涼

5 將食材與醬料跟義大利麵拌在一起

6 送入冰箱約10分鐘後即可享用

7 食用前可以撒上Parmesans起司粉增加風味

7個人吃這鍋不過分吧～

千層麵(Lasagna)是加菲貓的最愛，相信如果是愛看卡通的大家應該不陌生，陌生的是，到底要怎麼烹煮這看起來一大片的義大利麵？記得第一次做千層麵的我，整個超失敗，現在想起來還是覺得超噁心。但是千層麵都買了，也不能浪費，最簡單的方法就是Lily在煮千層麵的時候，厚著臉皮推過去請她「順便」幫我煮。因為Lily同學發揮了求知的精神，特地向學校老師請教如何烹飪出好吃、但熱量真的爆表的千層麵。

在台灣的義大利麵館很少見千層麵出現在菜單裡，就算有，價格也會比其他的Pasta來的高。千層麵最重要的就是醬汁與起司的搭配，一道經典的千層麵可以吃到很多層次口味的醬汁，如果大家想多嚐鮮，不妨可以到超市找Mozzarella乾起司加在上面。

大家也可以試著自己調煮白醬與紅醬。白醬可以用加熱後的奶油，加入麵粉拌成麵糊後，加牛奶與鮮奶油熬煮，最後再加點鹽巴跟黑胡椒即可。紅醬只要到超市買番茄罐頭，加上絞肉、紅酒一起熬煮就可以了。當然提供大家都是最基本的作法，如果有機會跟歐洲人學習煮醬汁，你會發現每個人都會加入自己獨到的祕方，讓醬汁味道更濃郁美味！

完成囉～

烤好的千層麵，加濃郁的起司與醬料一定要趁熱吃～

焗烤千層麵

我需要準備什麼？

材料：千層麵、白醬、紅醬、起司條、牛奶

建議加入：蔬菜、肉醬、黑胡椒

工具：2個小湯鍋、湯杓、烤盤、烤箱、鋁箔紙

● 料理小提醒

Sauce就是要給他大方的倒下去：
我第一次做千層麵是個恐怖的回憶，因為醬放得太少，造成千層麵吸水不足，整個硬邦邦的，下場非常淒慘。後來經過Lily的技術指導後才明白，白醬跟紅醬就是要豪邁的鋪滿整個麵體，讓千層麵可以充分吸收醬汁，才能在烤過以後更有風味。

我要怎麼做？

1 2個小湯鍋分別燉煮白醬與紅醬

2 白醬加些許牛奶煮，裡面可以加些蔬菜丁、黑胡椒

3 紅醬煮肉醬可放點洋蔥提味

4 如圖示一層一層鋪上去即可。此時烤箱可以開始預熱

5 先將烤盤內部抹上少許的油，然後最底層用紅醬為底，上面放上2片千層麵，然後上白醬

6 順序：紅醬、麵體、白醬、紅醬、麵體、白醬、起司條

7 送入烤箱，建議可蓋上錫箔紙增加受熱，以200度烤20分鐘，最後可以將錫箔紙掀開，如果喜歡焦一點可以回烤約10分鐘

喜歡吃辣的人可以加點辣椒

煮完這鍋就知道今天的熱量爆表

千層麵製作 Step by Step

Step 1 紅醬鋪底盤

Step 2 放上千層麵

Step 3 鋪上白醬

Step 4 再鋪上紅醬

Step 5 再放千層麵、上白醬、上起司

Step 6 上完起司就可以進烤箱了

來澳洲不吃點
道地的怎麼行

來澳洲必嘗的袋鼠肉

某天Taka到我們家裡吃晚餐，正好是上我的袋鼠排之夜，他表示這也是他第一次食用袋鼠肉。

袋鼠，這個想到澳洲就會想到的可愛動物，跟無尾熊一樣聞名全世界的澳洲特有種，數量之多是大家無法想像的。只要到郊區幾乎都可以發現牠們的蹤跡，能見度就跟在台灣看到貓狗一樣頻繁。

袋鼠在澳洲就跟豬在台灣一樣，從表皮到內臟都有產值。政府也鼓勵食用袋鼠肉，不但低脂，還不含抗生素、瘦肉精等。加上袋鼠幾乎沒天敵，時間一久就繁殖過剩，而袋鼠皮、袋鼠肉乾也是廣受喜愛的回國禮品，睪丸的部分，也有食品業者提煉紅袋鼠精，供男性朋友保養。在澳洲野外開車也要特別小心，尤其是黃昏與清晨時段，袋鼠看到車燈會好奇衝出車道，時常造成用路人的困擾，運氣壞一點還會造成車禍。

剛到澳洲第一天，義大利帥哥室友就用袋鼠香腸入菜，煮了一份Pasta給我吃。幾天後我也在超市買了份袋鼠排回家享用，一開始室友Jayla與Jim都非常反抗露出「你怎麼如此慘忍」的眼神看我，但當我料理好袋鼠肉，大家卻又圍過來躍躍欲試，除了有點腥味外，肉質非常軟嫩，吃起來介於鴕鳥肉與牛肉之間的口感。

煎袋鼠肉

我需要準備什麼？

材料：袋鼠肉、薑、糖、醬油

工具：平底鍋、夾子

動物園裡的袋鼠都非常的溫馴，但在野外，看到袋鼠一定要保持距離，以策安全

我要怎麼做？

1 可以先用糖、薑、醬油醃過袋鼠肉，放入冰箱約半天

2 跟煎牛排一樣，放入平底鍋煎至7分熟即可

怕腥味的人可以先醃過再煎

● 就是要精打細算

超市都會賣袋鼠肉、袋鼠香腸、袋鼠排，價格算是肉類價格較高的一種。通常不太會有特價，約在1公斤$13左右。最省錢的方式就是，自己到郊外獵袋鼠，不但免費，還可以選擇品種、年齡。

房東爸爸令人驚豔的一道菜

加入蔬菜與酸黃瓜，口味立刻升級！

Timmy要回台灣了，我們房東特地幫他辦一場party。邀請我們的工頭Sasa與在農場的工作夥伴到家裡吃午餐。那天一早就開始準備食材，有漢堡肉、烤雞翅、烤袋鼠肉、生菜沙拉、烤布丁等。全部都是房東自製的，連袋鼠都是前一天房東的朋友獵到的，而且只是取背部最好吃的部分BBQ。其中我們房東爸爸自製的漢堡肉更是令人驚豔，他用超市賣的香腸與蔬菜丁製作成既便宜又好吃的漢堡肉！這怎麼可以錯過，一定要學起來。放假時，買好食材自製漢堡肉，分裝冷凍不但省錢，還非常的便利。

一大早就到廚房幫忙的Lily

在家裡辦party就是要人多才好玩～

104

特製漢堡肉排

我需要準備什麼？

材料：香腸、蔬菜丁、麵粉

工具：鍋子、平底煎鍋、鍋鏟、大碗公

我要怎麼做？

1 把香腸的腸衣脫掉搗碎

2 與蔬菜丁混在一起

3 用手取適當分量，攤平擺放

4 正反面撒上適量麵粉增加黏著力

5 放入平底鍋煎，帶至微焦變色即可

● 料理小提醒

要買Sausage，不是Hot Dog啊： 初到澳洲逛超市應該會被整個架上的香腸嚇到，種類多到連火雞肉、袋鼠肉都來湊一腳。但這香腸(Sausage)長得也太像熱狗(Hot Dog)了吧！一開始我也是搞不清楚，經過學校老師解釋後才明白，香腸烹飪方式是用煎的，而熱狗是用水煮的，完全不一樣。雖然香腸價格便宜又方便，但是也不要常吃，畢竟加工過的肉類，添加物多、鹽分高，長期吃對身體也是種負擔唷！

● 就是要精打細算

香腸： 通常超市都會賣各式各樣的香腸，其中最划算的就是24入，價格大約$12～15不等，但有些人會覺得24入太多，我建議可以分裝成小包凍在冷凍庫，冰一包在冷藏備用，冷藏的吃完再從冷凍的拿一包到冷藏室即可。因為香腸在冷藏室會有酸掉的疑慮，所以才會有此建議，不要省了小錢，最後等到食材壞掉而大傷荷包。

蔬菜丁： 各大超市冰櫃都有販售各式種類的蔬菜丁，從$2～7以上都有。以內裝物，重量和廠牌不同而有不同價格。

特製漢堡 Step by Step

Step 1 混合脫掉腸衣的香腸與蔬菜丁

Step 2 取適當分量

Step 3 加點麵粉壓平即可

海邊度假的簡易美味

到超市買需要的食材

假日房東會帶孩子們
到海邊小屋度假

漢堡堡

每 當天氣晴朗的假日，房東都會帶我們這群小朋友到海邊的小屋玩水、吃午餐。10人份的餐點準備起來並不容易，但在澳洲可以到超市買麵包、香腸、生菜、番茄與汽水等，做簡單的餐點，不但方便又省錢。

通常只要煎荷包蛋與火腿，再擺上起司片與酸黃瓜片就可以飽餐一頓了，如果喜歡簡單的抹醬吐司，澳洲抹醬類眾多：草莓、橘子、黑莓、蜂蜜、巧克力榛果等，其中還不乏強調無添加的健康水果抹醬。但這些果醬都是用糖醃製，當心熱量超高，吃太多可是會變胖的！

生菜

Corned Beef

起司

玉米蛋

多種配料，任君選擇

三明治 & 漢堡堡

我需要準備什麼？

材料：吐司或漢堡、奶油

建議加入：起司、火腿、玉米、培根、漢堡肉、美生菜、雞蛋等

工具：平底鍋、烤麵包機或烤箱

我要怎麼做？

1 把吐司或漢堡放入麵包機或烤箱預熱

2 煎荷包蛋、培根、火腿、漢堡肉

3 將烤好的吐司抹醬，夾入食材

4 如果要帶到工廠當午餐，建議可用鋁箔紙包著保鮮

● 料理小提醒

吃澳洲麵包請多多包涵：喜歡吃麵包的人到澳洲會想哭，因為澳洲不習慣添加膨鬆劑、香精製作麵包，而且種類與口感都不如台灣，加上世界麵包冠軍可是在台灣，所以喜愛吃麵包的請多多包涵吃起來很健康的澳洲麵包了。

● 就是要精打細算

澳洲各大超市自有品牌吐司價格1條約$1，漢堡6入約$2～2.5。所以習慣吃三明治、漢堡的人，你可以在伙食上省下不少錢。買回家的吐司最好放入冰箱，因為吐司非常容易發霉，要食用之前拿出來噴點水，送微波或烤箱即可食用。

飽足感三明治

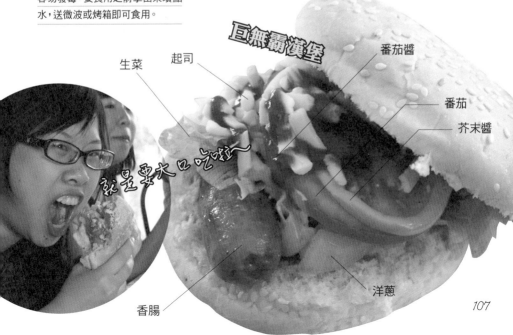

就是要大口吃啦～

巨無霸漢堡

生菜　　起司

番茄醬

番茄

芥末醬

洋蔥

香腸

因為不會做飯，意外成為牛排達人

下面鋪點著薯條就跟餐廳賣的感覺一樣了

教大家如何煎牛排的人是Benjamin，因為剛到澳洲完全不會做飯，所以第一個月幾乎天天都吃牛排，研究不同部位、種類的牛排，例如：菲力(Filet)、肋眼(Rib eye steak)、丁骨(T-bone)、沙朗(Sirloin)或是牛小排(Short)等。在澳洲超市牛肉區都可以輕易找到，對於無肉不歡、熱愛牛排的人，澳洲可說是天堂。

如果有點預算的人，不妨到酒鋪挑一支紅酒，帶回家跟牛排一起搭配享用，便宜的價格從$8~15都有。對紅酒不挑剔的人，甚至可以買一桶回家放冰箱慢慢喝。

香 煎 牛 排

我需要準備什麼？

材料：牛排、鹽巴、奶油、蒜頭

建議加入：黑胡椒

工具：平底鍋、烤箱、夾子

也可以到公園BBQ唷

我要怎麼做？

1 平底鍋加熱的同時，烤箱也一起預熱

2 奶油放入平底鍋，蒜頭切薄片爆香(一定要用大火)

3 放入牛排，只能翻面一次(煎牛排最忌諱就是在鍋子裡翻來翻去)

4 看到正反兩面都變色後，直接送入烤箱(180度約6~7分鐘，大約是7分熟)

● **料理小提醒**

你要幾分熟：通常牛排的熟度為：全生(Raw)；1分熟(Rare)：僅表面煎熟；3分熟(Medium-Rare)：外圍呈灰褐色，裡面為血紅色；5分熟(Medium)：外圍呈灰褐色，剖面為粉紅色，中間仍有血紅色；7分熟(Medium-Well)：大部分呈灰褐色，中間為粉紅色；全熟(Well-Done)：表面稍微烤焦，裡面完全為灰褐色。到一般餐廳通常都點3或5分熟，如果怕血水的夥伴可點7分熟，千萬不要點全熟，除非你的牙齒韌度很夠！

● **就是要精打細算**

澳洲的牛肉大約1公斤$4元起，某些大鎮的IGA賣的更是價格實惠。如果貪小便宜買一大塊牛肉，可以請在肉品工廠待過的夥伴幫忙分解分袋處理。我還曾經見過鄰居殺牛，大家一起分擔費用，然後可以更直接的指定想要的部位。

讓人鹹到「凍未條」的 BEEF

窮人的救星
Corned Beef

第一次買 *Corned Beef* 是一開始逛超市買食材，看到是牛肉架上是最便宜的，所以買回家，煮完之後才發現超鹹的。後來問了房東爸爸才明白 *Corned Beef* 是泡過鹽水的牛肉，所以比較容易保存。而澳洲當地人習慣把 *Corned Beef* 放到水裡滾熟，加入白酒調味，接著切塊來吃，但老實說真的很不合我的口味，所以好不好吃我就不敢斷定了。後來買過幾次 *Corned Beef* 在煮之前都先用水洗過，下鍋煮不加任何鹽巴，但幾次過後真的受不了，真的寧願多花幾塊錢買正常的牛肉回家吃。

黑 胡 椒 C o r n e d   B e e f

我需要準備什麼？

材料：Corned Beef、洋蔥、蒜頭、黑胡椒

建議加入：奶油、辣椒、太白粉水

工具：平底鍋、鍋鏟

我要怎麼做？

1 先把 Corned Beef 泡水或沖水把鹽分去掉，切成條狀

2 洋蔥、蒜頭切碎，準備一碗太白粉水

3 不怕胖的可以用奶油爆香蒜頭

4 加入洋蔥拌炒後再與牛肉一起拌炒

5 快起鍋前可以加點太白粉水勾芡

6 最後加入些許黑胡椒即可

● 料理小提醒

Corned Beef的由來： 在西方國家，每道傳統食物多多少少跟宗教或節慶有關係，Corned Beef也不例外。在愛爾蘭傳統節日聖派屈克節(Saint Patrick's Day-3/17)，就會食用Corned Beef。Corn的意思是玉米，但是這邊的Corn指的是粗鹽的意思。在過去冷凍技術與保存技術不好時，大多新鮮的食材都會用糖或是鹽醃製、保存。現在在歐美超市裡，除了可以看到一大包泡著鹽水的Corned Beef外，還可以在罐頭區看到它的蹤影。

● 就是要精打細算

Corned Beef真的很便宜，大約是一般牛肉7折的價格，所以剛到澳洲的人一定會買錯，因為大多數的人應該都跟我一樣，只看得懂Beef這個單字，再看看那便宜的價格，就放到購物籃帶回家。其實，人在異鄉本來就該多嘗試點新鮮的，畢竟買錯食材也是一種學習的經驗。

Corned Beef有點死鹹，所以一定要沖水洗過

帶著祝福，上路吧！

試想一年後，你在旅途中遇到的人，會用什麼方式令你留下深刻印象呢？這道簡單的Scone製作方式，便來自美好友誼的傳遞。初到雪梨時，遇見了一位叫Via的台灣女孩，在我們又即將移動時，做了Scone為我們送行。問她原因為何，她只說這是她旅行紐西蘭時，從一個外國背包客手中得到的祝福，她選擇在這個時刻，繼續將簡單的美好分享出來。

自己烤的scone，口感有點類似扎實的雜糧麵包，但因為調麵糊過程中又加了奶油，所以烤過後，又會有部分鬆鬆能剝落的口感，如果加了品質好一點的純奶油，烤起來香氣，還真不輸台灣速食店也吃的到的類似點心喔！吃的時候可以和西方人一樣，中間剝開塗上果醬或奶油當成下午茶點心。

既然傳自旅人手中，材料比例自然也寫得很有趣，手邊隨手拿來的馬克杯就當了量杯概略訂了比例，大家試試，非常適合長途旅行時路上當作充飢點心。

加入堅果別有風味

這份祝福，就讓我們一起傳下去吧！

Scone

我需要準備什麼？

材料：自發麵粉(Self rising flour)
3杯、牛奶1.5杯、奶油80公克、
切達起司

建議加入：起司丁或乾果仁

工具：鋁箔紙、烤盤

我要怎麼做？

1 將奶油加入麵粉拌勻後，倒入牛奶以固定方向攪拌

2 加入起司丁或乾果仁

3 烤盤鋪上塗過奶油的鋁箔紙後，以湯匙放上麵糊，因成
　品烤熟後體積會膨脹，最好需預留空間

4 烤箱預熱至220度後，放入烤約15～20分鐘，用叉子插
　入Scone中間，若乾淨無麵糊沾黏即完成

切達起司的加入，
會讓人興奮的尖叫！

Scone製作 Step by Step

Step 1
充分攪拌均勻奶油
與麵粉

Step 2
運用飯匙與湯匙
做定型

Step 3
可加入起司
或堅果

Step 4
放到烤箱等待，
此時的空氣是香的

完成囉～
熱呼呼的出爐！

喔！寶島台灣，
我想死你了……

什麼都不會？
就從簡單的開始

很威的台灣烤肉醬

在澳洲，肉再便宜，也還是要吃點蔬菜，其實炒蔬菜大概作法都差不多。會想要在書裡放蔬菜料理的起因是：朋友胖虎到了澳洲，才發現這輩子住在家裡，從沒煮過飯，連燒開水的經驗都沒有。這真的是個大麻煩，因為在澳洲如果自己不會做飯很傷腦筋的。當然也有像Terry一樣，到了澳洲才開始學做菜發揮巧思和創意，發現自己對做菜的興趣而成為我的夥伴。

熱炒高麗菜

我需要準備什麼？

材料：高麗菜、胡蘿蔔、蒜頭、鹽巴、1碗水

工具：炒鍋、鍋鏟

我要怎麼做？

1 切好高麗菜、胡蘿蔔刨絲、蒜頭拍碎切塊

2 炒菜鍋中放些油，放入蒜頭和鹽巴，跟著把菜放入

3 翻炒後把水加進去，蓋上鍋蓋

4 打開鍋蓋後，再翻兩下就可以起鍋了

奶油杏鮑菇

我需要準備什麼？

材料：杏鮑菇、奶油、蒜頭、黑胡椒粒

工具：平底鍋、鍋鏟

我要怎麼做？

1 杏鮑菇用滾刀切得等大小分量

2 平底鍋放入奶油與蒜頭爆香

3 加入杏鮑菇翻炒

4 起鍋前加點黑胡椒粒即可

滷汁青江菜

我需要準備什麼？

材料：青江菜、滷肉汁

工具：湯鍋

我要怎麼做？

1 將青江菜放入滾水中

2 大約30秒就可起鍋

3 加滷肉汁拌入青江菜即可

爸！快教我，沒有滷肉怎麼辦

Chris帶著香港女友來家裡作客

在吃了2個禮拜的Pasta，我終於受不了了。原來我真的是台客，一個沒有飯和醬油會活不下去的台客，最後只能強忍著思念的淚水，打通電話回台灣，拜託阿爸教我怎麼滷肉與煮咖哩，深怕一個不小心哭出來露了餡。畢竟才離開家裡2個多禮拜就得了思鄉病，這鐵定會被家裡的老小消遣一番。

如果大家可以試著在國外做這道菜請老外吃，無論是日本、韓國、歐洲……我相

1951年出生的Jose，在巴西是婦產科醫生

信95%以上都可以接受，而且會愛上它。當然，不必多說，如果同是華人朋友，應該會對你甘拜下風了！

在澳洲煮了這麼多次滷肉飯，最讓我印象深刻的是我的巴西室友Jose爺爺的離別Party。在離開前他要求我一定要教他滷肉要怎麼做，因為他從來沒有嚐過這種醬油拌肉又加滷蛋的料理。

正統滷肉加滷蛋

114

滷肉 & 肉燥

我需要準備什麼？

材料：豬絞肉、豬五花、醬油、紅砂糖、八角

建議加入：水煮蛋、米酒

工具：平底鍋、湯鍋、鍋鏟

● 料理小提醒

水煮蛋快速脫衣法：這邊特別提醒在煮水煮蛋時，可以在蛋的鈍端用湯匙敲出裂痕。接著將蛋放入常溫的水裡煮，切勿放入滾水中煮蛋，蛋會爆炸的，因為外熱內冷蛋會在滾水中破掉。剝蛋時可以在蛋的兩端剝個小洞，開水龍頭可把蛋沖出來節省剝蛋的時間。

● 就是要精打細算

澳洲各大超市均有售龜甲萬醬油，小瓶$5、大瓶$8，如果可以找到亞洲超市買有把手的家庭號，我買過最便宜是統一四季醬油$12。砂糖我很堅持用紅砂糖，價格$2.5，或是可以大成本用Bundaberg糖，價格$5，可以增加滷肉的甘甜味。滷肉是一個經濟實惠的料理，一次滷一大鍋，沒吃完只要冰在冰箱，大約可以保存1個禮拜，而且只要肚子餓，煮鍋飯淋上醬汁就可以過一餐，或者你也可以燙青菜、煮麵條，再將滷汁直接淋上去都是不錯的選擇。

我要怎麼做？

1 豬絞肉不加油，放到湯鍋中乾炒，至變成灰色中帶粉紅即可

2 平底鍋加入油與紅砂糖，加熱待至砂糖融化(切勿使用白砂糖)

3 糖融化成膠狀後離火，加入八角、醬油與水。此時糖會成為塊狀

4 重新加熱，倒入鍋中與絞肉一起滷

5 可以將五花肉切塊與水煮蛋放入一起滷

6 加入2瓶蓋米酒可增加風味，同時去腥味

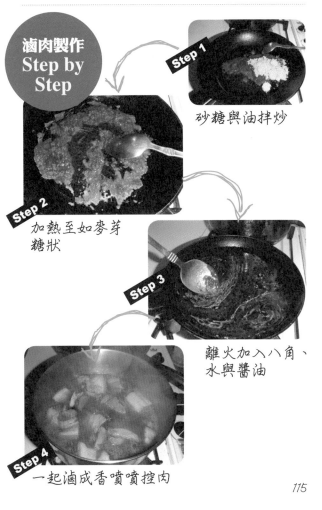

滷肉製作 Step by Step

Step 1
砂糖與油拌炒

Step 2
加熱至如麥芽糖狀

Step 3
離火加入八角、水與醬油

Step 4
一起滷成香噴噴控肉

餃子，對華人來說是一道傳統的記憶味道，不同家庭包的餃子有不一樣的口味與祕方，餃子對於異鄉遊子更是家鄉味的代表。通常假日時，大夥會聚在一起，自己動手包餃子解解鄉愁。在我要回台灣的前夕，邀請在墨爾本的好朋友到家裡包水餃，順便話家常。

在大城市要買食材真的是方便許多，尤其是在墨爾本這個全世界文化的大熔爐，只要你走進華人超市，無論是水餃皮或雲吞皮你都能輕易的買到。若是要買生鮮類的蔬菜與肉品，就會推薦到維多利亞市集，或華人區 BOX HILL 採買，東西不但多樣便宜，而且非常的新鮮，賣場都經過規畫，跟台灣市場印象中髒髒濕濕、還有蒼蠅亂飛的景象不同。還有，你還可以見到各個攤販超有精神的叫賣著，告訴你：「我這邊最新鮮、最便宜，不買會後悔！」

這是大夥在澳洲最後一次聚會

墨爾本有名的維多利亞市場

Terry得意地端著剛起鍋的水餃

動手包水餃

我需要準備什麼？

材料：水餃皮、豬絞肉(牛絞肉、羊絞肉或是蝦子)、香油、鹽巴、高麗菜、胡椒粉

建議加入：米酒、青蔥

建議醬料：醬油、白醋

工具：大湯鍋、漏杓

● 料理小提醒

一次多包一些，當存糧：如果一次包很多水餃，打算「凍」起來當存糧，請加些麵粉在水餃之間，這樣比較不會通通黏在一起。

我還想吃脆皮煎餃：要來點別的口感，想吃脆皮煎餃怎麼辦？請準備一碗水加麵粉，平底鍋熱油，將水餃排在鍋內，3分鐘後加入麵粉水，蓋上鍋轉中火，直到沒有水蒸氣冒出，打開鍋蓋乾煎2分鐘即可。

● 就是要精打細算

趁著維多利亞市場要收攤前，買了顆高麗菜$3，牛絞肉500公克$3，豬絞肉500公克$4，青蔥$2，到華人超市買水餃皮2大包$7。薑是室友前一天在市場收攤的時候撿到的便宜，一大袋才$2。

我要怎麼做？

1. 把絞肉從冷凍庫取出解凍，順便把水餃皮一起拿到室溫下回溫

2. 切高麗菜、青蔥，切得跟米一樣小、一樣細。薑磨成泥狀。薑是用來去肉類的腥味，所以不用太多

3. 在高麗菜裡加入少許的鹽巴，讓蔬菜把多餘的水分逼出來倒掉

4. 將肉和高麗菜、青蔥、薑拌在一起，加入香油、些許米酒、鹽巴、胡椒粉

5. 可以先包幾顆，用熱水煮來試吃味道；如果有把握的人可以直接包水餃，省略這個步驟

6. 第一次包水餃的人，建議找咖啡匙來幫忙，幫助餡料斟酌使用。其實大約包6顆後，就可以拿捏包水餃的技巧了

7. 水餃放入滾水後，大滾快煮。因為是現包的水餃，所以不用加到3碗水，水餃浮起來後，再滾一下就可以起鍋了

大家都到家裡一起包水餃話家常

想家，就大力的揉麵團吧！

麵粉在澳洲就像太陽一樣，不用錢的隨處可得。一天Shirley和Lily放假在家，拿出麵粉、美祿巧克力奶粉、寶特瓶裡種的蔥，來創作巧克力饅頭、香蔥饅頭與包子。當天下班後，大家都含著眼淚吃包子，為什麼？因為這就是我們想念的家鄉味。

因為氣候的關係，只要中午吃飽飯後揉揉麵團，把麵團放到外頭做日光浴，大約1個小時的醒麵糰，就可以讓麵糰發起來，根本不用加酵母粉，非常的方便。而大家也不用擔心到哪裡買蒸籠，只要是在K-mart或Big-W所買的自有品牌電鍋，通常上面會附加小蒸籠，非常的便利。

熱騰騰的包子

軟綿綿的饅頭

麵團怎麼製作

我需要準備什麼？

材料：麵粉、水、糖、鹽巴

建議加入：酵母粉

工具：揉麵團的雙手、大湯鍋、鍋蓋、保鮮膜、桿麵棍(或空酒瓶)

● 料理小提醒

揉麵團的小祕訣：1.無論是製作水餃皮、包子或饅頭，揉麵團可是一件重要的事。建議可以在桌上鋪上保鮮膜，直接在上面揉麵團比較好操作。2.揉麵團的水也是要控制溫度，在冬天可以用溫水，夏天用常溫的水即可，酵母不要放太多，以免吃起來會有酒味。

我要怎麼做？

1 麵粉與水的比例是2:1.2

2 加入1匙沙拉油、3匙砂糖、1/4匙鹽、2匙酵母粉

3 將以上充分攪拌一起，直到麵團不沾黏的「三光」程度：手光、鍋子光、麵團表面光

4 蓋上蓋子或保鮮膜，移到陽光下或是家中比較溫暖的地方醒麵

5 發酵後，麵團會膨脹，可以再揉一次，將裡面的空氣擠出；然後再一次靜候10分鐘即可

6 搓成長條狀，分段切下。蒸過的麵團會膨脹，所以不要切太大塊

Lily正在桿麵團

我想吃饅頭

● 料理小提醒

蒸饅頭、包子要注意的事：1.蒸饅頭的紙在超市都有賣，跟保鮮膜與鋁箔放在一起，通常稱烤箱紙。2.蒸饅頭、包子跟開車一樣要保持距離，蒸好的饅頭、包子會變大，如果沒有保持安全距離可是會黏起來的！

我要怎麼做？

1 將麵團揉成你想要的形狀，放入蒸籠，即成饅頭

2 若要製成巧克力饅頭，可先用水將巧克力粉泡開，當成要加入的水量，加入麵團一起揉勻就行了

3 也可以在饅頭上加入葡萄乾，南瓜子等一起做養生饅頭

4 蒸約15分鐘，可以用子戳戳看中間是否熟了

我想吃包子

我需要準備什麼？

材料：發好的麵團、豬絞肉、醬油、糖、胡椒粉、切碎的高麗菜

建議加入：青蔥、五香粉

工具：充分拌勻材料的雙手、大碗公、筷子

我要怎麼做？

1 將麵團揉成球狀壓平成包子皮

2 將豬絞肉、醬油、糖、胡椒粉充分攪拌，再加入剁碎的高麗菜與青蔥

3 將餡料靜置5～10分鐘後，就可以開始包包子了

4 蒸約15分鐘，可以用子戳戳看中間是否熟了

有地瓜香氣的地瓜飯

澳洲的地瓜「貴三三」

在 Bundaberg工作時，曾經參與過地瓜的生產過程，從砍地瓜藤、種地瓜、拔地瓜、到包裝地瓜。過程中通常無論是太大、太小、太醜，都是次級品，於是都會有些免費的地瓜可以帶回家。澳洲的地瓜價格也貴得嚇人，通常澳洲人以馬鈴薯作為主食，偶而會把地瓜作主食的替換。地瓜1公斤的價格，往往可以高達$15以上，但是如果你願意到蔬果市集或是農產市集買次級品，價格直接打對折。地瓜種類有很多種，其中，我最推薦紫皮白心的地瓜，雖然價格貴了點，但是非常的好吃。

黃金地瓜飯

我需要準備什麼？

材料：地瓜、米

建議加入：2滴沙拉油

工具：電鍋

● **就是要精打細算**

澳洲超市的米種類眾多，其中紅色包裝SUN RICE最符合台灣人的口味，但同時也是價格最高的一種。我算過週期，大約6～8週會大特價一次。10公斤裝原價$21～22，通常會特價$14～15。

7個人買7包米很奇怪嗎？

我要怎麼做？

1. 地瓜削皮切塊，洗米

2. 通常煮飯是1杯米對1.5杯水，如果與地瓜一起煮，建議多加半杯水，然後浸泡約10分鐘

3. **使用傳統電鍋：**要記得在外鍋加一杯水；**使用電子鍋：**外鍋不用加水，但是要把鍋外擦乾，以免因水滴而漏電。電子鍋煮出來米飯較乾，建議可多加1/3杯的水

4. 煮的時候加入2滴油，是為了鍋子比較好清洗

5. 蓋上鍋蓋，按下開關。飯煮好開關跳起來後，請不要馬上打開鍋蓋，靜置10分鐘讓其收水

Jayla的巧思，蛋包飯加起司～

海鮮市集看到的螃蟹

房東媽媽華姐的廚藝真的很棒，這天端來了炒辣蟹，吃起來有點嗆辣又有螃蟹鮮甜的味道，超讚的。但是華姐也分享，她剛到澳洲時，鄰居送來2隻又肥又大的螃蟹，全家都吃，卻只有她過敏，整張臉都腫得跟麵包一樣。但是時間一久，也免疫了，現在吃就完全不會過敏。所以要提醒初到澳洲的背包客們，一定要先讓自己的身體習慣澳洲的水土與食物，畢竟人從北半球到南半球，從小島到大陸多多少少需要點時間讓身體習慣，不然你的身體可是會抗議的！

黑胡椒香蒜炒辣蟹

我需要準備什麼？

材料：螃蟹、蔥、蒜頭、黑胡椒、辣椒、醬油

建議加入：米酒

工具：炒鍋、鍋鏟

在雪梨港邊吃螃蟹，有專業的工具可使用。最左邊是挖蟹肉，最右邊是夾破蟹殼的工具

● **就是要精打細算**

偶爾到海鮮市場可以買到秋季肥美的螃蟹，價格比台灣便宜，因為台灣是用台斤計價，在澳洲則是用公斤計價。

我要怎麼做？

1 把螃蟹的背殼取下，將內部的鰓、器官都移除，只留下蟹膏即可

2 蟹身用水洗乾淨，中間劃十字切開，分成4等分

3 蔥切段、蒜頭與辣椒切碎

4 鍋熱油5分熱，爆香蒜頭與辣椒

5 丟入螃蟹，加入些許米酒與醬油後蓋上鍋蓋，待鍋邊有水蒸氣出現的白煙冒出後打開鍋蓋

6 放入蔥段、黑胡椒拌炒，再蓋上鍋蓋3分鐘後即可起鍋

吃完後讓你不停吮指回味

甘蔗鍋誤打誤撞的意外滷味

準備就緒前大家都在摩拳擦掌

這是個令人振奮的作品，在澳洲煮滷味很厲害吧！而且還是自己做的。

那天是我們迎新午餐Party，為了歡迎我們的新室友Terry、Mavirs和Shirley的加入而舉辦的。會有電鍋滷味這道料理，最開始是房東華姐送來一個新的電子鍋，這是個令人振奮的開始。記得當時我們都還在草莓園工作，採到一半我就告訴旁邊的Lily我今天回家要煮火鍋，而且我要用新的電子鍋煮。下了工回到家就先到旁邊的甘蔗園砍了一支甘蔗，準備要煮甘蔗鍋。但幻想是美麗，現實是殘酷的，我們既沒有大鍋燉煮的高湯，甘蔗的味道一時半刻也出不來。

最後我耐不住性子，加入之前滷豬腳的滷包及Hiro留下來的柴魚醬油，甘蔗火鍋就變成了滷味鍋。雖然跟開始設定的不一樣，但是大家最後都吃得超開心，尤其是加入白泡麵的那一刻，大家都尖叫了，因為這就是台灣味，大家思念已久的家鄉滷味啊！

事先備料也是很重要的，滿滿一桌超豐盛

電鍋滷味

我需要準備什麼？

材料：肉類、蔬菜類、雞心、雞肝、魚板、蟹腳棒、白泡麵等

調味料：沙茶醬、老干媽、蔥花

工具：電子鍋、延長線、湯杓、夾子

● 料理小提醒

出國前別忘了帶上幾份滷包：人在異鄉總需要有點家鄉味，而這也是我寫本書的用意。如果可以，建議大家在出國前可以隨身攜帶幾份滷包。因為滷包可以重複使用，每次滷完食材後只要用清水稍微沖一下，放入冰箱存放即可。依個人使用頻率與食材多寡不一，正常滷包大約可使用3次左右。

● 就是要精打細算

快翻翻冰箱有什麼可以加料的吧：煮滷味那天，我們家的冰箱也順便整理了一下，老實說為了當天的滷味買的食材只有雞心(放在冷凍飼料區一盒約$3，裡面約有15個)和牛肉(1公斤約$5～6)。其他如魚板、蟹腳棒、滷包、蔬菜、雞翅都是冰箱本來就有的，所以下次想到要煮滷味前，可以翻一翻冰箱，應該都可以有收穫。

白泡麵在澳洲各大超市都可以找的到，口感雖然沒有台灣的科學麵好，但是價格便宜，一份約有5包入，售價都在$1～1.5不等。是月底領薪水前，半夜肚子餓必備糧食之一。

我要怎麼做？

1 電鍋插電，加入水、滷包、醬油後，就可以按下電源開始預煮

2 準備食材

3 各就各位，把食材放入電鍋中

4 吃不夠，看看冰箱還有沒有放很久的食材，一起拿來下鍋滷吧

Terry與Mavis正為我們的火鍋做準備

放入泡麵的那刻，真的很令人興奮

123

到雪梨吃過一份 $25
的火烤龍蝦

住澳洲鄉下跟住台灣鄉下一樣，就是鄰居們都很熱情，大家互相幫忙。像房東華姐的菜園裡，永遠都有摘不完的季節時蔬；房東爸爸的朋友偶爾會送來意想不到的「獵物」，例如：澳洲小龍蝦、獵到的袋鼠肉、小鯊魚、河蝦等。

　　這天下了工，華姐給了我們2大袋的小龍蝦。原來這是Davie出海撈回的澳洲小龍蝦，最棘手的龍蝦頭，華姐都幫我們處理好了。當我們這群貪吃的孩子正傷腦筋要如何料理龍蝦時，我忽然想到明天下班後順道買罐水蜜桃罐頭回來，我們要做「龍蝦冷盤沙拉」、「椒麻胡椒蝦」。

下面還特地鋪上切絲高麗菜，
上面則是水蜜桃和小龍蝦

龍蝦冷盤沙拉

我需要準備什麼？

材料：水蜜桃罐頭、小龍蝦、高麗菜絲

建議加入：千島醬(以番茄醬混沙拉醬)

工具：冰塊或冰水、大鍋、鋒利的剪刀、大圓盤

我要怎麼做？

1 先將小龍蝦解凍，用剪刀在龍蝦背剪開一刀

2 水大滾後將小龍蝦放入，顏色轉為紅色即可，切勿在熱水中煮過久，以免肉質老化

3 撈起龍蝦，馬上丟入冰塊水中冰鎮

4 高麗菜切絲擺盤，龍蝦剝殼

5 將剝好的龍蝦搭配水蜜桃放在一起

6 最後淋上沾醬

超市都有在賣的水蜜桃罐頭約$1

胡椒蝦

我需要準備什麼？

材料：小龍蝦、花椒、黑胡椒、醬油、老干媽

建議加入：米酒

工具：大炒鍋、鍋蓋、鍋鏟、鋒利的剪刀

● 料理小提醒

小龍蝦剝殼有點難度，建議大家可以用剪刀從背剪開，如此一來可以輕鬆地將蝦肉挑出。

● 就是要精打細算

吃完這次小龍蝦後，大家都回味無窮，到處找哪裡可以買到小龍蝦。但不知道是因為這麼小的龍蝦經濟效益太低，還是嫌剝殼麻煩，我一直都找不到賣小龍蝦的地方。後來在Sydney和Melbourne的魚市場才又看到。1公斤大約$18~20，大小隻價格不一定。

我要怎麼做？

1 先將小龍蝦解凍，用剪刀在龍蝦背剪開一刀

2 到入油熱鍋，加入老干媽拌炒

3 放入龍蝦，並加入些許米酒和醬油

4 蓋上鍋蓋悶煮大約2分鐘，或等鍋蓋冒出白煙

5 打開鍋蓋翻炒，加入黑胡椒粉與花椒

6 起鍋前再蓋上鍋蓋熄火，靜置5分鐘等待入味

辣辣麻麻的胡椒蝦

其實你剛剛跟牛舌吻了

是的！我就是要教大家滷牛舌！不要懷疑，在台灣「貴三三」的滷牛舌，來到了澳洲，價格變得經濟實惠。而且還可拿來當國民外交，是非常經典的中華料理。滷好可以請歐洲人或澳洲人吃，再告訴他們剛剛已經跟牛舌吻了。話雖如此，我倒是有遇到吃的津津有味的老外，我驚訝的問：「不覺得噁心嗎？」他居然回答：「不會啊！在法國要到高級餐廳才吃的到牛肚或是鵝肝，所以我認為動物內臟很不錯。」原來是我失算了。

滷牛舌步驟麻煩備料繁瑣，尤其要將舌頭上的舌苔刮掉都需要勇氣，怕噁心的夥伴千萬別輕易嘗試。

香包滷牛舌

我需要準備什麼？

材料：牛舌、滷包、八角、大蔥、生薑、米酒、糖、醬油

建議加入：花椒、蔥花

工具：大湯鍋、刀子

● 就是要精打細算

牛舌通常都放在超市最角落的狗飼料冷藏區，此外，那區還會有雞心、雞肝、豬心、羊肝等。因為老外通常不愛吃內臟。但對喜歡吃內臟的華人來說，那邊是挖寶區，因為價格往往只要台灣一半。牛舌的價格大約$5～7左右。

超市都可以看到的牛舌

我要怎麼做？

1 把水煮開，放入牛舌汆燙

2 把牛舌撈起，將牛舌上硬硬的白膜刮掉

3 接著在湯鍋裡重新煮一鍋水，將大蒜與薑拍碎，放到水裡滾煮，滷包與八角、花椒也跟著一起下鍋

4 將處理好的牛舌放入一起滾煮

5 跟著加入米酒、糖與醬油一起用文火滾煮，最後轉小火慢滷(請不要離開爐火，因為要將鍋內的雜質濾掉)

6 用小火慢滷，約1小時後可取出牛舌切片，可以放到冰箱吃涼拌；要上桌之前別忘了蔥花

感覺可以在澳洲擺滷味攤了

韓式蘋果醋非常的夠味

內臟對我有種無法抗拒吸引力

如果在澳洲想請其他國家朋友吃台灣特有的創意小吃，薑絲炒大腸會是不錯的選擇。豬大腸可以在華人肉店買到，如果找不到華人肉販，也可以跟當地的肉販詢問，請店家「特地」幫你留。通常內臟類的肉品對我跟Lily還有Terry都會有無法抗拒的吸引力，例如：豬心、牛舌、雞肝、豬腸、雞心等，都曾經被我們帶回家成為桌上餚，畢竟人在異鄉，只能靠這「味」解鄉愁。

薑 絲 大 腸

我需要準備什麼？

材料：豬腸、薑、白醋或果醋、鹽、糖、蒜頭、辣椒、蔥、香油、米酒、酸菜

工具：炒鍋、鍋鏟、電鍋、湯鍋

● 料理小提醒

幫豬大腸做個SPA清潔吧：讀過健康教育的大家都知道，大腸是裝身體廢物的的地方，所以味道會比較重一點，但是吃大腸料理不就是愛那一味？所以不能洗得太乾淨，否則油脂整個被洗掉，吃起來就像口香糖一樣。

1.先用清水把豬大腸清洗一次

2.用筷子由內翻到外，整個反過來

3.打上麵粉，把多餘油脂擠出來

4.最後用可樂或啤酒醃泡半小時，可以去除味道

5.滾水加醋、鹽巴，大腸汆燙3分鐘即可撈起

我要怎麼做？

1 薑、蒜頭、蔥，拍碎切絲

2 汆燙好的大腸，跟米酒、白醋和水一起放到電鍋裡蒸軟後，大腸切塊備用

3 炒鍋熱香油，放入步驟1.的材料爆香，再把大腸一起加入拌炒

4 加入白醋、米酒和鹽巴調味。加入汆燙水和糖一起翻炒

5 起鍋前再加入辣椒配色即可

老外吃過，一吃成主顧

關於咕咕G
這件事……

讓我們磨刀霍霍，庖丁解雞吧！

買 全雞回來自己切，是資深前輩根據經驗傳授的省錢方式。遇到商場特價時，再多買一隻全雞回家剁成小塊，雖然麻煩點，但吃上一個星期絕不是問題，是很好的省錢方式。不論你到澳洲是為了存錢，還是環澳大夢，讓我們把刀磨利，朝省錢之道向前行吧！

剁雞去骨 Step by Step

Step 1

從外頭買回來的全雞，通常脖子已處理掉，找出頂端的部分就開始吧

Step 2

在下刀前先用手摸摸關節部位的構造，找出骨頭連結的位置，有助下刀更俐落

Step 3

找到雞翅和雞腿關節後，沿著軀幹弧度下刀先取下翅和腿

Step 6

其餘帶骨和上背部分剁成適當大小即完成

Step 5

沿著輪廓仔細剝下左右2塊雞胸肉

Step 4

雞隻軀幹部分以橫切的方式，將上背和下胸肉部分為兩半

Step 7

帶骨部分可以拿來熬湯或煮咖哩

Step 8

看個人喜好，別忘記七里香(雞屁股)喔

Step 9

另外，軀幹內側雞骨旁會藏淋巴和其他組織，不適合食用，可在處理時一起剔除

飯要多煮才夠 配辣炒雞丁

這是Timmy在墨爾本華人餐廳偷學出來的一道菜，記得那天他煮完這道菜後，Hiro和Benjamin毫不客氣的各吃了3碗飯，而且Ben還特別要求我一定要跟Tim學這道菜，因為這種甜甜辣辣、又下飯的口味是他的最愛。

這邊要提醒一件事情，這道菜非常的下飯，所以負責煮飯的人一定要多煮一點，光想到這道菜，肚子也默默地餓了起來。而肉類的替換也可以使用牛肉、火雞肉、袋鼠肉等做不一樣的搭配。而且只要掌握好調味料拿捏，大部分的亞洲人都會喜歡這道辣炒雞丁。

建議料理中若有加入辛香料的時候，需要打開油煙機或是打開門窗通風，不然會被嗆到流眼淚，加上澳洲大多數房子住家裡是沒有抽油煙機，在大火快炒或煎魚的時候要注意油煙，以免煮完一頓飯搞得滿屋子油煙味，久久不能散去。

辣炒雞丁

我需要準備什麼？

材料：雞肉、醬油、糖、老干媽、沙茶醬

建議加入：青蔥

工具：炒鍋、鍋鏟、鍋蓋

● 就是要精打細算

老干媽這個在台灣超商就可以買到的辣椒油，到了澳洲這可是愛吃辣的人大救星。各大亞洲超市都有在賣$3～3.5不等。沙茶醬是台灣重要的發明之一，通常小瓶鐵罐大約在$5～5.5左右，一瓶沙茶醬與老干媽讓你炒飯、拌麵無往不利。

我要怎麼做？

1 如果想要更入味可以提前用醬油與糖醃肉

2 熱鍋後加入些許的油跟老干媽，這邊要小心嗆傷

3 先加入醃好的雞肉拌炒，再蓋上鍋蓋悶煮

4 加入沙茶醬與糖拌炒

5 大火收汁後即可起鍋

油油亮亮的超好吃！

可樂配上雞，不會很怪嗎？

買綜合拼盤最划算

某天週末，Jayla閒來無事上網查些簡單料理，準備幫我們的菜單加入新血，意外發現江湖失傳已久的「可樂雞翅」，當我們第一次在家裡做可樂雞翅時，嚇傻了所有室友。因為可樂大家常喝，但卻沒有人想到可以入菜。一開始大家懷疑：「煮過的可樂能吃嗎？」、「可樂加醬油，味道應該超噁心吧！」。但事後證明每個人都很愛，甚至在烹飪的過程中，大家都會聞香而來。而且加了可樂的雞翅，因為受到小蘇打的幫忙，肉質會變得更鮮甜，顏色也會更好看，這就是為什麼台灣媽媽在滷豬腳的時候，一定會加入可樂幫忙提味提色。

可樂滷雞翅

我需要準備什麼？

材料：可樂、醬油、雞翅、蔥、胡蘿蔔、洋蔥、油

工具：平底鍋、湯鍋、夾子

這道菜最大的成本是醬油

我要怎麼做？

1 雞翅買回來還要多一道加工：拔毛

2 用平底鍋熱一點油，放雞翅和蔥花一起下去煎。雞翅呈現金黃即可

3 切好蘿蔔與洋蔥

4 可樂一罐，與醬油放入湯鍋，將蘿蔔與洋蔥放入開始滷

5 再把煎好的雞翅放入湯鍋中一起滷

● **料理小提醒**

滷的時候會因為蘇打與肉類的關係會冒泡泡滿出來，要小心唷！請勿離開爐火太久。

雞腿雞翅都一起滷吧～

巴西室友自創的 Style 烤雞腿

有天看到我巴西室友Tiago正準備要烤雞腿和雞翅，而且正拿起家裡所有調味料一一加進肉裡。裡面加了迷迭香、蒜醬、鹽巴、胡椒粉、牛排醬等，最後順便也把正喝到一半的啤酒和柳橙汁加進去。

「這是巴西style的烤雞嗎？」「不，這是Tiago Style的烤雞，我很高興你喜歡。大家盡量吃吧！」

隔天早上我在準備烤雞腿時，做了一點改良。我先把雞腿放到滾水裡氽燙，讓雞腿變成白色中帶點粉紅色的5分熟，跟著才放到烤盤中加入調味料。這不但縮短了烹飪時間，也更容易讓雞腿烤熟。我知道很多料理新手常常在烤食物的時候會時不時的開烤箱，確認有沒有烤焦或是烤熟，尤其是雞腿這類帶有厚度的肉類，更是讓大家頭大。

當天這道烤雞腿確實沒讓我丟臉，在Party中大受好評，這也是奠定了接下來我在澳洲跑遍各大Party的重要主角之一。

酥酥脆脆的烤雞腿，
吃過的都說讚！

香料烤雞腿

我需要準備什麼？

材料：雞腿、各種想加的調味料
(如：沙茶醬、李錦記、蒜醬、胡椒粉、果汁、紅酒和啤酒等)

工具：湯鍋、烤箱、鋁箔紙、烤盤

● 就是要精打細算

吃雞肉最便宜：雞腿在澳洲真的是超級便宜。雞腿1公斤約$2.99；1公斤雞腿大約有4～5隻棒棒腿，視大小情況會有不同的數量。我永遠記得1公斤=$2.99，在各大超市的冷凍櫃都是這個公定價格，如果要更便宜，可到專門賣肉的肉舖購買。通常在週六或週五晚上放假前會有特價，我就曾經買過幾次2公斤$4的特惠價。

我要怎麼做？

1 把雞腿放到大鍋裡讓熱水汆燙至5分熟(有血水滲出即可，烤箱可先預熱)

2 把雞腿放到鋪好鋁箔的烤盤，如果沒有鐵盤也可以換成瓷盤

3 家裡的調味料都拿出來，各加一點點。顏色要好看一定要加點果汁，因為糖分可以幫表皮更好看

4 加入醬汁就可以進烤箱了，可以拿筷子戳戳看，戳得進去就是熟了

5 表皮烤得酥酥脆脆的，可以帶到Party炫耀了

過來人經驗談

主辦Party的2種方式

在國外的Party分成2種。第一種是主辦人會邀請你參加，但會要求前往的客人帶食物或飲料，通常主辦人會告訴你食物需要帶幾人份，或你負責哪一類的飲料或酒類；第二種是到主辦人家一起吃飯，但是你必須要繳錢，依Party的大小去分擔大家的費用和酒錢。

香料烤雞腿 Step by Step

汆燙5分熟

烤盤鋪上鋁箔紙，放上雞腿

烤熟後，不夠脆可再放入烤箱回烤

加上調味料

讓人想起
媽媽的咖哩味

在澳洲很難買到「佛蒙特咖哩」，因為當地對奶製品進口非常嚴格，但是在澳洲，還是可以買到別的牌子的日式咖哩。有天老師Caroline帶領全班一起上烹飪課，我就煮了道咖哩飯請大家吃，日本同學告訴我，吃起來跟媽媽煮的一樣，讓我知道我真的成功了。

如果吃膩了咖哩飯，也可以把咖哩淋在煮熟的義大利麵上，或是沾墨西哥餅皮吃也很夠味。畢竟人在異鄉有機會就要多嘗試多種搭配，相信我，回台灣你很難會有機會親自下廚，畢竟拐個彎的巷口就有便宜又好吃的麵攤。

煮香噴噴的咖哩同時，也要多煮一些飯應戰！

香濃台式咖哩雞

我需要準備什麼？(5～7人份)

材料：咖哩塊、奶油、3顆洋蔥、水、4條胡蘿蔔、4顆馬鈴薯、雞1隻

建議加入：少許牛奶、1顆蘋果

工具：大湯鍋、鍋鏟

● 就是要精打細算

日式咖哩塊的價格從$7～9不等，如果有機會到華人超市，還可以買到「業務用」的咖哩塊，50人份價格約在$18～20左右，千萬不用擔心會用不完。5人份的咖哩通常可以做成7人份，吃不完等咖哩涼了以後冰到冰箱，或隔一餐再加熱食用更入味，而50人份的咖哩塊，大約煮7～8次就會用光，不用擔心買太多吃不完而產生浪費。

我要怎麼做？

1 把雞完整分解(參見P.129)，洋蔥切條狀，蘋果、胡蘿蔔與馬鈴薯削皮後滾刀切塊(胡蘿蔔、馬鈴薯一定要削皮，因為大多在工廠包裝時會泡過藥水)

2 湯鍋內加入奶油與洋蔥爆香，呈微黃色即可

3 放入蘋果、胡蘿蔔和馬鈴薯拌炒加入水，8分滿即可，轉文火蓋上鍋蓋悶煮

4 待至馬鈴薯微軟加入咖哩塊拌勻融化，放入雞肉拌煮，可加入水，約比食材多一些即可，繼續以文火煮

5 最後加入少許牛奶，要留意持續攪拌咖哩，因為鍋底很容易燒焦

● 料理小提醒

關於咖哩風味與保存：

1.真正好吃的咖哩要隔夜吃才入味

2.煮胡蘿蔔與馬鈴薯時，水只放8分滿是因為澳洲的蔬果水分含量極高，燉煮過程中會出水變軟，可加入2茶匙的鹽巴提味，讓蔬果的甜味充分發揮

3.一旦加入牛奶後，如果食用不完，一定要冰冰箱，否則加了奶製品很容易酸掉

4.咖哩一次煮一大鍋吃不完，可以分裝在保鮮袋，冰入冷凍庫，食用前加熱即可食用

5.蘋果的用處可以增加咖哩的香甜味

6.吃咖哩飯之前可以加入一些起司條，熱熱的咖哩會牽絲唷

8分滿的水煮蔬菜 Step 2

洋蔥爆香 Step 1

台式咖哩雞
Step by
Step

九層塔再貴，也要吃三杯雞

薑一定要拍碎跟蒜頭一同爆香

當房東送我一大包薑的時候，我就知道我只要到超市買羅勒，就可以衝回家煮三杯雞了。但無奈，在台灣路邊隨處可摘，買菜時會送的九層塔，到了澳洲卻跟薑一樣是超級昂貴的食材。最後我真的受不了，自己到超市買了一棵羅勒種，接下來無論是要吃九層塔煎蛋或是煮三杯都可以自給自足不求人。

三杯雞顧名思義是有一杯米酒、一杯麻油、一杯醬油，料理這道菜一定要把門窗打開，畢竟在澳洲很多房子裡沒有抽油煙機，如果不通風的話，煮完整個家都有一股久久不能退散的三杯味。

塔香三杯雞

我需要準備什麼？

材料：帶骨的雞肉、米酒、麻油、醬油、薑、九層塔、糖、蒜頭

工具：大炒鍋、湯鍋、鍋鏟

找不到黑麻油就用韓式代替

● **料理小提醒**

羅勒與九層塔的微妙關係：到底羅勒跟九層塔一不一樣？各有各的說法，嚴格來說台灣的九層塔是眾多羅勒種類的其中一種，雖然聞起來、吃起來都差不多，但是總覺得羅勒就是缺了一種辛辣味。

我要怎麼做？

1 汆燙雞肉，至血水流出就可以起鍋

2 薑切片拍碎，蒜頭對切即可

3 熱鍋加入麻油，充分爆香薑與蒜頭至微焦

4 加入雞肉、米酒、醬油拌炒，再加入2茶匙的糖

5 翻炒後蓋上鍋蓋悶煮

6 起鍋前加入九層塔拌炒即可

華人品牌雖然貴了點但是值得

堅持選用台灣米酒

絕頂滋味的 馬來雞

非常喜歡在國外稱作Lemon Grass香茅的香氣，特地在當時屋外的空地自己種

說起這道菜，其實並沒有真正的名字，只因在工作結束的某個下午，隨著一同工作的大馬朋友回其住所串門子，恰巧時值晚餐時段，有位阿姨從廚房中端出一盤濃郁的雞肉，並請我嘗了一塊，驚為天人的滋味，讓我當下便厚著臉皮要人家教我這道私房食譜！

身在台灣的我們，以魚露和香茅入菜相對不常見，在好奇和貪吃本性的驅使下，備了食材自己做了一次。以上便是這道菜的由來，既是來自大馬朋友分享的無名食譜，那就叫它「馬來雞」吧！

香茅馬來雞

我需要準備什麼？

材料：雞肉、蒜末、辣椒、新鮮香茅或乾末、魚露、蠔油、蜂蜜或糖漿

工具：炒鍋、鍋鏟、保鮮盒

在各大超市均有售的魚露

我要怎麼做？

1 先以一隻大雞腿以1湯匙魚露的概約比例醃漬雞肉一晚

2 熱鍋後將醃好的雞肉炒至半熟起鍋備用

3 將蒜末、辣椒、新鮮香茅以原鍋炒香，轉中小火加入蠔油和蜂蜜熬成醬汁

4 倒回雞肉，轉中火拌炒至雞肉收乾醬汁即完成

票房保證菜色之馬來雞是也

● 料理小提醒

搭配得宜，口感升級：香氣誘人的「馬來雞」入口在即，由於口味較重，強烈建議底下鋪些口感清爽的大黃瓜薄片或生菜一起上桌，入口後同時體驗濃郁和清爽；套句大馬朋友的口頭禪：「一流～喔！」

啤酒與雞搭配的微妙滋味

記得第一個為工作而落腳的小鎮，就是東岸背包客間無人不知曉的黑工大本營Robinvale。在朋友的幫忙之下，住進鎮上一位計程車司機Daryl家裡。Daryl的房子並不是專門租給背包客的Share house，他和來自馬來西亞的Angela阿姨2個人住一起，多出的那間房，便分租出來貼補家用。

同樣來自亞洲國家的Angela阿姨，老是好奇她眼裡我這個「台灣仔」煮飯時又要變什麼新花樣了。每當她又從我這看到一樣新菜色時，總會擺出Angela式的誇張表情，瞪大雙眼，嘴裡接著便說：「喔，阿偉啊，這是什麼東西啊？讓我試一下。」接下來便毫不客氣的把筷子伸過來。

有天Daryl從外頭扛了箱啤酒回來犒賞大家，靈機一動，我便向Daryl要了幾罐啤酒，加上時蔬燉了冰箱裡的半隻雞，除了一起分享啤酒燉湯清甜的湯頭之外，其實心裡忍不住想知道，雞湯端上桌時會不會再看到Angela的驚訝表情和台詞？

現在想想，與嬌小渾圓的Angela阿姨、Daryl在生活中一同發生的趣事，實在為那段打工的生活增添不少趣味

啤酒雞湯

我需要準備什麼？

材料：雞肉、青蔥或洋蔥、蒜頭、紅蘿蔔、鹽、淡口味罐裝啤酒、水

建議加入：香菇和手邊有的蔬菜

工具：湯鍋、鍋鏟、湯杓

我要怎麼做？

1 在鍋中將蔥蒜稍微炒香後加水

2 當水滾後加入雞肉和其他食材一同燉煮，記得撈去肉類燉煮中產生的雜質

3 轉中小火，倒入啤酒，繼續煮至酒味變淡

4 煮出食材鮮甜口味，即可熄火加鹽或雞粉稍作調味

啤酒加上手邊蔬菜，燉鍋清甜的啤酒雞吧！

不要擔心，
買整隻雞回家燉湯

這道菜是我男友Benjamin的最愛，千萬不要覺得奇怪，老外對於這種鹹鹹甜甜又不油膩的湯真的愛不釋手。重點是這道湯成本超低，又可以吃2餐，而且第二餐絕對比第一餐受歡迎，如果預算允許，建議還可以買些文蛤一起與雞湯燉煮。

黑瓜條是台灣初一、十五配稀飯的好夥伴，但到了我手上就變成了料理雞湯的幕後大功臣。如果喜歡這道菜的朋友，到有機會到亞洲超市一定要多買幾罐回家，因為澳洲的超級市場完全買不到。Soda建議大家前一餐吃不完的雞湯，下一餐可加入飯一起熬成粥，而且據了解，男友Ben就是因為我煮這道菜成功打動他的心！

大茂黑瓜雞湯

我需要準備什麼？

材料：水、黑瓜條罐頭、雞1隻

建議加入：少許米酒與文蛤

工具：大湯鍋、湯杓

我要怎麼做？

1 整隻雞、文蛤和黑瓜條放入湯鍋

2 水量約蓋過雞即可

3 蓋上鍋蓋悶煮，完全不用加入任何調味料

● 就是要精打細算

大家在購買黑瓜時，一定要買「黑瓜條」，千萬不要買到小塊的黑瓜罐頭，煮起來風味不一樣。亞洲超市通常賣$2～3不等，當然因為品牌關係，價格多多少少有差，通常台灣的品牌會比中國品牌貴一點。在吃雞的時候，建議取肉起來吃就好，雞骨頭可以留到跟飯一塊燉煮成雞粥。

吃不完，隔天加
飯進去煮稀飯

抱歉，每次想到要拍照時
都被吃光了

Shirey幫大家燉補的蒜頭雞

吃飯前的開心大合照

煮好香噴噴的
蒜頭雞

自從家裡有了新電鍋後，我們的料理就越來越多樣性，除了包子、饅頭外，我們還拿來熬紅豆薏仁與煲湯。Shirey有天臨時起意燉了一鍋蒜頭雞湯，幫大家補身體，湯頭濃郁甘甜，唯一美中不足是，澳洲的蒜頭雖然看起來比台灣的還大顆，但蒜味卻嚴重的不足，辛辣感低，所以大家在烹飪時，記得一定要拍碎或剁碎，如此一來，才能將蒜頭的味道才能充分表現。

蒜頭雞湯

我需要準備什麼？

材料：雞肉、蒜頭、鹽巴

建議加入：米酒

工具：電子鍋或湯鍋

我要怎麼做？

1 雞肉、拍碎的蒜頭、米酒、水放入電鍋或湯鍋中

2 電鍋插電開始煮，亦可放到爐上直接用文火燉煮(電子鍋有時候水放太多，過程中水會溢出，國外的電鍋都很笨)

3 起鍋前加入少許鹽巴即可

● 料理小提醒

蒜頭太貴下不了手，就嘗試蒜醬吧：在中華料理中，蒜頭是廣泛被運用的重要配角。它除了在料理上增加食材的風味，同時它也是抗氧化與預防感冒的辛香料。在西方料理中，蒜頭通常都會被打成蒜泥使用，所以，如果覺得新鮮蒜頭的價格太高，不妨選擇罐頭區的蒜醬作為搭配。

● 就是要精打細算

建議買整隻雞燉煮，超市特價時可以買到1公斤$3(平時1公斤$3.99~4.5)，整隻雞買回來通常在$7以內，應大小價格不一，買回來可以初步支解分袋入裝，放入冷凍，待需要用的時候再解凍料理即可。蒜頭通常可買到4入一袋，價格約在$1.5~2不等。

吃飯時，
再配個湯品吧

為什麼外國人都不愛酸辣湯？

台灣人夫叫，外國人驚嚇的「醋意濃鳳湯」

不知道為什麼我身邊的外國人都不愛酸辣湯，好像是受不了黑醋的嗆酸味。但是喝酸辣湯就是要這一味呀！一次我煮完酸辣湯後，Benjamin就說他想要煮泡麵吃，因為他覺得黑醋的味道很不友善，他沒辦法下嚥。

最早會煮這道湯，是因為在亞洲超市買到了台灣的工研烏醋，加上我熱愛吃勾芡類的湯品，舉凡酸辣湯、肉羹湯、鱔魚麵、花枝羹等，只要勾芡過的湯我都一定會倒入酸溜溜的黑醋。每次煮酸辣湯室友反應很兩極，台灣朋友開心的拌麵拌水餃、日本與韓國朋友則默默地拿出泡麵，或許就是飲食文化的不同吧！

台式酸辣湯

我需要準備什麼？

材料：黑木耳、金針菇、胡蘿蔔、蒜頭、辣椒、乾香菇、雞蛋、太白粉、黑醋

建議加入：豆腐、高湯罐頭、肉絲、鴨血、胡椒粉

工具：湯鍋、湯勺

我要怎麼做？

1 辣椒、蒜頭切片，黑木耳、乾香菇泡水，胡蘿蔔豆腐切條，金針菇洗乾淨

2 湯鍋裡加入一點點油爆香蒜頭與辣椒

3 跟著加入黑木耳、香菇、金針菇、胡蘿蔔

4 加入高湯和肉絲一起滾煮，可加入適當的水和黑醋

5 湯滾後放入豆腐，太白粉用水拌開，太白粉水淋入鍋中

7 這時候可以再大火滾一次，並將打好的蛋花加入

8 熄火撒上蔥花就可以吃了

● 料理小提醒

太白粉一定要用冷水攪拌，切勿使用熱水，否則太白粉會結塊。

● 就是要精打細算

黑木耳與金針菇在澳洲的超市不難找到，但是價格非常的高，有機會到華人超市，可以買到所有煮酸辣湯的食材。像黑木耳1盒大概200公克$1可以買到，金針菇1大把也只要$1～1.5。

酸酸嗆嗆的酸辣湯

從泰國大姐的比手畫腳學來的美味

第一次到澳洲、第一次在澳洲領薪水、第一次自己煮想吃的東西,還有第一次交到泰國朋友!這碗湯裡不止加了山珍海味,還加了這些新體驗的難忘回憶。在包裝廠工作時,微波爐裡的便當,幾乎只要靠味道就可以分國籍啦!

台灣人的肉燥是廠裡老外為之瘋狂的醬汁,只要一匙就能拿來搏感情,白人的中餐就方好解決許多,三明治和一杯咖啡。其中泰國大姐酸辣菜色,總令大家好奇,大姐也慷慨,偶爾用她的好手藝做些月亮蝦餅或打拋肉在午餐時段和大家分享。

當時實在禁不起泰國菜的誘惑,就厚著臉皮,用滿嘴的「菜英文」找來大姐,請教湯裡應加些什麼東西才道地,過程中大姐也比手畫腳的盡量解釋該怎麼煮,深怕我不了解。學會這道酸辣湯後,也真的讓我在許多大家一起煮飯的場合裡受到喜愛,用美食交朋友,讚!

泰 式 酸 辣 湯

我需要準備什麼?

材料:A / 泰式東炎醬、羅望子醬、香茅、魚露、辣椒、沙拉油
B / 雞肉、蝦或綜合海鮮
C / 檸檬、椰奶或奶水

建議加入:檸檬葉、蘑菇、魚丸、豆腐

工具:湯鍋

我要怎麼做?

1 煮滾水放入材料A,調味品的比例:東炎醬為2,其餘比例各為1

2 再次水滾後即可放入煮要食材B部分,海鮮滾一下即可馬上將火關小

3 熄火加入材料C:椰奶或奶水、滴入檸檬汁即完成

亞洲超市絕對能買的到的東炎醬,有時在連鎖超市的亞洲專區也能找到

● 料理小提醒

調味是這道菜的成敗關鍵:準備食材上雖稍微麻煩了點,但煮這道泰式酸辣湯後,讓我在許多聚會上攻無不克,是很多人喜歡的重口味湯品。此外也適合加入冬粉或排粉(口感類似米粉,在亞洲超市都可以找到)一起食用。其主要的酸味來自羅望子和後續滴進的檸檬汁,需要的注意的是:熄火後加入椰奶會緩和湯中的辣味,建議只需點綴,別加太多!

食材豐富的泰式酸辣湯,冬天吃很棒!

下工後喝南瓜濃湯，幸福滿點！

台灣較少見的奶油瓜

那是一個全家都到包裝廠上班，輪到我休假的一天。永遠記得那陣子每天永無止盡的長時間工作，往往回家已是9點過後，還好大夥感情融洽就像一家人，漸漸有了誰在家就為大家煮晚餐的默契，讓累到發香的大夥回到家就有晚餐可以享用！南瓜濃湯是那個時期和大家分享的料理之一。

南瓜從假日市集或特價時購回，久放不是問題，其高營養價值和香甜濃郁的口感，讓累了一天(必須強調真的很累)的人喝了，有幸福滿滿的感覺，我想這就是食物的魔力再好不過證明！

南瓜濃湯

我需要準備什麼？

材料：南瓜中型半顆、洋蔥1顆、奶油、鹽、雞粉、牛奶或奶精

建議加入：地瓜1顆

工具：電鍋、湯鍋、食品調理棒或果汁機

● 料理小提醒

地瓜是濃湯加分的小祕訣：如果你和我一樣喜歡濃稠的口感，可以加入地瓜補強，這同時也能讓濃湯的自然甜度加分，值得一試。南瓜濃湯也很適合加入義大利麵或當作焗烤醬汁增加變化！

我要怎麼做？

1 南瓜和地瓜切塊後蒸或煮熟

2 蒸煮南瓜同時，將洋蔥切丁，以奶油炒至透明軟化

3 用果汁機或攪拌棒將南瓜和洋蔥加些水打成汁。若無果汁機，變通方式可在煮南瓜時多加些水，見鍋中南瓜和地瓜軟化後將火轉小，徐徐在鍋中搗爛南瓜

4 將打好的湯汁倒回湯鍋中以小火攪拌，一邊加入牛奶，再放入少許鹽巴和雞粉即可熄火

讓人感覺幸福指數很高的南瓜濃湯

考驗體力耐力的洋蔥湯

比耐心更重要的是一隻不會放棄的手

在台灣，到西餐廳吃牛排，或到義大利麵館用餐，最常見的湯品除了玉米濃湯外，就是洋蔥湯了，而且相信很多人都愛喝那股自然的甜味與香氣。但是千萬不要輕易嘗試煮洋蔥湯，因為這可是考驗著你的體力、耐力與恆心。

這道洋蔥湯是 Lily 貢獻的作品，從熬雞湯底到切洋蔥絲，都是她一手包辦。除了切洋蔥時要忍受刺眼的辛辣感，在炒洋蔥時還要不停的拌炒，直到洋蔥呈現焦褐色。而且切澳洲洋蔥一定要小心，強烈建議直接戴蛙鏡比較保險，因為曾經發生過家裡一人切洋蔥，搞到全家流淚的下場！

洋蔥濃湯

我需要準備什麼？

材料：洋蔥數顆、奶油、黑胡椒粒、吐司

建議加入：高湯罐頭或高湯塊

工具：大湯鍋、鍋鏟、椅子、平底鍋或烤麵包機

● 料理小提醒

1.把洋蔥放到冰箱冰鎮，可降低刺激，請勿邊擦眼淚邊切，很危險！
2.洋蔥不斷拌炒的過程中，是很費力的，手會超痠。來！找一張椅子，因為需要長期抗戰，坐著慢慢炒！

● 就是要精打細算

澳洲的洋蔥非常的便宜，1公斤通常$1以下，除非你要買那種又大又漂亮的，價格才會較高，否則通常洋蔥是最便宜的蔬菜。

我要怎麼做？

1 先將洋蔥切條，直接在湯鍋內放入奶油，把洋蔥放入一起拌炒(手要不停地拌炒，轉文火慢慢拌炒)

2 10分鐘後洋蔥變成金黃色；20分鐘後有點焦褐黏鍋；30分鐘後大約有7成焦褐，繼續加油；最後請炒到整坨焦焦的黏在一起，成功了一半了

3 加入高湯一起熬煮，可再加入適當的水

4 建議加一點點鹽巴即可，起鍋之前就個人需求加入些許的黑胡椒粒

5 吐司可以先剪塊，放到平底鍋內烤乾，吃之前可以將麵包放到湯裡面共享

超香甜的洋蔥湯

來點涼拌菜
開開胃

如果有天，你不小心把糖和鹽混在一起那該怎麼辦呢？糖用來泡咖啡，誰也不想喝帶鹹味的咖啡；鹽用來做菜，有些菜餚就是不適合甜味出現。這尷尬的情形就曾發生在一個大家說好一起包餃子的下午，當時Share House的室長急著出門上班，一時不察把2個同是白色粉末的東西混在一起啦！

這時又有個的女孩拿出2天前特價買的黃瓜，因為即將移動到下一個城市用不完要大家想想辦法。這2樣的東西碰在一起，立即讓我想起每次吃餃子都會有的小菜，也就是最常出現的涼伴小黃瓜啦！拿出自己不久前剛購入的乾辣椒，既然今晚要吃餃子，那就一口氣到位一點，連開胃小菜一起生出來吧！值得一提的是乾辣椒的妙用，其實很適合背包客隨身攜帶；其優點是重量輕，只要保持乾燥便能常時間保存不變壞，就像個辣味膠囊，能在你必要時釋放辣味，為自己做的菜餚加分！

涼拌小黃瓜

我需要準備什麼？

材料：大黃瓜或小黃瓜、乾辣椒、蒜末、糖、鹽、香油或油、白醋少許

工具：菜刀、砧板

重量輕、易保存是乾辣椒適合背包客的優點

● **料理小提醒**

放入冰箱稍待入味比現吃更讚：這是一道待其入味後風味更佳的小菜，不妨先調理好放進冰箱裡轉頭忙別的事，回頭拿出來便能享受恰好滋味和冰涼口感！

我要怎麼做？

1 黃瓜切片後，加鹽搓揉去水，再用清水洗去鹹味。如果準備的是大黃瓜，建議盡量切薄片，其水分較多，越薄越容易入味

2 乾辣椒切成小段後，和蒜末、白醋、糖、鹽拌入小(大)黃瓜，最後滴入香油提味

3 靜置約10～15分鐘，待乾辣椒辣味釋放，和食材入味後既完成

上桌後再回頭，立馬被秒殺，這畫面真讓人開心又難過

高麗菜，看到你就想家呀！

我曬衣服，也曬高麗菜

越是出門在外，越會想念家鄉味！一樣的食材在不同國家出現，腦海裡產生的連結卻還是家鄉的料理方式，對吧？初到雪梨時大夥一買了一顆高麗菜，令人想起自家常吃的台式泡菜開胃無比，以及有了它，就能一口氣多吃好幾碗飯的速成高麗菜乾！什麼事都能慢慢來，唯獨吃的東西不能等！撥了通電話回家，向老媽問清楚料理方式，立即奔向廚房開始準備！

高麗菜乾和泡菜同樣經過脫水處理程序，一次買一顆，一半做泡菜，一半做菜乾。出門前拿出戶外曬，下午回家即可料理。口味依個人喜好，和購入的調味料等情況靈活調整。

按自己口感喜好切好，曬了一天的高麗菜，備好調味料就來大顯身手吧！

剝下來還沒曬的高麗菜內含水分，也較硬脆

高麗菜乾

我需要準備什麼？

材料：高麗菜、薑或薑末、醬油、糖、黑醋、麻油或食用油

建議加入：乾辣椒

工具：洗衣網或裝水果的網子、陽光、炒鍋、鍋鏟

● **料理小提醒**

菜葉一定要經過日光曝曬脫水，是口感爽脆的重要關鍵。

在外頭曝曬一天，菜葉也因水分少了許多而蜷起

我要怎麼做？

1 隨意撕開洗好的高麗菜，裝入洗衣袋或手邊方便取得的網子；晴朗時的澳洲陽光強烈，空氣又乾淨，帶高麗菜出外做日光浴

2 將日曬一天後的高麗菜乾取出，若覺得脫水不夠，可加鹽搓揉再次出水，依個人喜好切絲或切碎

3 將麻油或一般食用油倒入鍋中，加入薑或薑末炒香後，加入高麗菜乾和其他調味料，以中火拌炒直到發出香味

4 轉小火滴入些許黑醋提味即可上桌

下飯的家香味完成

台 式 泡 菜

我需要準備什麼？

材料：高麗菜、紅蘿蔔、新鮮辣椒或乾辣椒、白醋、白糖

建議加入：小黃瓜

工具：可密封的玻璃瓶或保鮮盒(玻璃瓶可找咖啡罐)

為了爽脆滋味的漫長等待，48小時可以過快點嗎？

收進濾篩靜置濾乾，轉頭繼續準備湯汁

我要怎麼做？

1 與高麗菜乾料理順序1～2的前置處理方式相同，差別在高麗和紅蘿蔔切片一定要用鹽抓過脫水，再用清水洗掉鹽分後瀝乾備用

2 備滾水一鍋，放入糖和白醋，白醋與滾水比例約為2:1，轉小火放入辣椒，煮出湯汁酸酸的味道後，可試試酸度和甜為是否合宜，關火將湯汁靜置放涼

3 將步驟1瀝去水的「準」泡菜填入乾淨玻璃瓶或保鮮盒，倒入放涼的湯汁直至淹過泡菜

4 封蓋放入冰箱醃漬48小時候即可食用

沙哇滴咖，
我不是泰國人！

泰國人……呃，不是，我只是剛好在做泰國菜

*W*here are you from？ 這是來到澳洲常用的寒喧開頭，在這個多元種族共存的奇妙社會，民族或人種長相似乎也已模糊。也許是輪廓的關係，泰國人是最多人陌生人初次見到我時的答案，就算連台灣的鄉親也不例外，於是，在大家都說英語的場合裡鬧了個這個小小的笑話。

很多歐陸的背包客也常因為「Taiwan」和「Thailand」開頭發音類似，認為我們或許來自泰國的一部分。不過，美食是無國界的，既然都身處異地了，東西好吃才重要！還有一件事我仍然要強調：「我真的是台灣人！沙哇滴咖！」

泰式涼拌青木瓜

我需要準備什麼？

材料：青木瓜、檸檬、蒜頭、花生或其他堅果、生辣椒、魚露、糖、鹽巴

建議加入：小番茄、辣椒粉、海鮮

工具：刨絲器、大碗公

我要怎麼做？

1 青木瓜削皮刨絲，撒入鹽巴搓揉去其水分和澀味，清水洗去鹽分瀝乾備用

2 加入蒜末、生辣椒、新鮮檸檬汁等各式調味料一邊調味一邊試味道

3 口味調好後，加入對切的小番茄和花生，或其他堅果類即完成

● 料理小提醒

加入調味料時切勿心急：魚露味道濃烈口味重，切忌心急加太多。

辦Party、燒烤的必備良菜：澳洲常有的BBQ燒烤場合，很適合口感酸辣又清爽的青木瓜沙拉作搭配！食材視手邊資源增減，但重點是一定要用蒜頭壓住魚露含有的腥味。青木瓜在亞洲商店不算難找，搭配肉類燉湯也很適合。

加入調味料時切勿心急，一邊試吃一邊加，直到口感滿意為止！

肚子好餓，但完全沒有下廚的fu

罐裝水蜜桃

甜菜根罐頭

挑嘴背包客的困擾之一，便是想吃好東西，又不想花力氣張羅的時候了！還記得是一個採草莓提早結束的炎熱午後，下午2、3點回到家悶熱不說，因面臨融化邊緣的自己肚子餓，卻完全不想進廚房靠近熱鍋，此時，冰箱裡的生菜好似正呼喚我，我想，不如把冰涼清爽的口感往嘴裡送吧！

在澳洲生菜並不算特別貴，另外，留心的話你會發現超市裡的罐頭水果和蔬菜比新鮮的便宜許多。快速完成好吃又好看的七彩沙拉，就是試著善用這些食材的想法之下誕生的！食材沒有絕對，發揮創意吧！

七 彩 沙 拉

加入玉米粒也很好吃

Corn Kernels

我需要準備什麼？

材料：以下為建議項目

＊蔬菜類：生菜、甜椒、西洋芹、大黃瓜、小黃瓜

＊水果類：香蕉、蘋果、手邊任何當季水果

＊罐頭類：玉米、甜菜根、水蜜桃、綜合水果

＊肉類：鮪魚罐、熱狗、火腿

＊其他：堅果類、葡萄乾、水煮蛋、切達起司、新鮮檸檬汁或市售各式即食沙拉醬

工具：沙拉盅

我要怎麼做？

1 將生菜和各式葉菜類鋪底

2 水果切丁或塊，依序擺放

3 最上層上撒上起司丁和堅果增加口感層次

4 淋上沙拉醬

簡單卻變化無窮，久居餐桌首選不敗的七彩沙拉上桌囉！

● 料理小提醒

天然健康的沙拉醬自己做：手邊如果有檸檬或柑橘類水果，可以榨些新鮮果汁混合橄欖油和些許鹽巴，就可代替市售沙拉醬，成為健康速成的油醋醬！

韓式風味，
直呼「馬西打」

韓國人的解鄉愁便當

我超愛石鍋拌飯，這大概是我唯一喜歡韓國的地方吧！那種辣辣的紅醬與蛋汁的香氣，再加上熱騰騰的白飯，拌著一起吃總是有一種幸福的感覺。但是在澳洲沒有石頭怎麼辦？難道要自己到河邊搬顆石頭回家開個洞？人在異鄉，不需要如此講究。

室友Lily很巧妙地運用現有食材，蛋、韓式辣醬、蔬菜、肉、白飯做出道地的拌飯，讓Benjamin解解鄉愁。而在學校看到韓國同學的便當大多也是這樣的組合，如果碰到更講究一點的Tom & Jerry通常還會搭配韓式海苔一起吃。

韓 式 拌 飯

我需要準備什麼？

材料：飯、牛肉或任何肉類、豆芽菜、蔬菜、雞蛋、韓式辣醬、小黃瓜

建議加入：麻油

工具：盤子、湯匙、平底鍋、鍋鏟

● 料理小提醒

做成便當帶去上工還不賴：這道菜很適合上班或上課的時候當便當帶著走，前一天準備便當盒，只要早上多煎顆荷包蛋就行了，非常的方便實際，不需要多花錢或是多花時間準備。我跟Benjamin也曾經懶到早上把韓式辣醬、白飯和荷包蛋放在便當盒裡，帶2罐鮪魚罐頭就上工。但老實說，這種吃法還不賴！

我要怎麼做？

1 荷包蛋煎至5分熟，蛋黃未熟

2 蔬菜炒熟，小黃瓜切絲

3 肉類煮熟

4 白飯放在盤子最下層，依序放上蔬菜與肉

5 最上面放荷包蛋，依自己習慣辣度加入適當的辣醬

6 可以淋一點麻油提味增加香氣

亞洲超市都會賣的韓式辣醬，辣度有分級要注意哦！

只要加入韓式辣醬拌一拌就跟韓國料理店賣的一樣了！

153

下雨天才能吃的海鮮煎餅

在 台灣喜歡吃韓式料理的人，應該對這道「韓式海鮮煎餅」不陌生。Tom常常為了Jayla和我準備下課後的點心，做一些韓國道地的料理，這也是為什麼我們會到Tom和Jerry家等著吃點心或晚餐。恰巧那天正下著綿綿細雨，Tom就做了一道雨季的料理——海鮮煎餅。沒錯！因為韓國是個非常注重節氣與傳統的民族，例如：在下雨天吃哈密瓜容易鬧肚子疼、生日時一定要喝海帶湯、下雨天要吃海鮮煎餅。

一次偶然的機會裡，我問Tom：「為什麼只有在下雨天才能吃海鮮煎餅？」他的答案是：「你不覺得大晴天吃這道菜很油膩嗎？」這就是在旅行的途中遇到不同國家文化的朋友擦出來的火花。

海鮮煎餅

我需要準備什麼？

材料：麵粉、高麗菜、櫛瓜、冷凍綜合海鮮(Mix Seafood)、蛋、鹽巴

建議加入：青蔥、蟹腳棒、洋蔥、絞肉、胡椒粉

工具：平底鍋、湯勺、碗公、筷子、刨絲器

● 就是要精打細算

綜合海鮮盒通常會有蝦子、淡菜、花枝、小章魚、魚肉塊等。超市自有品牌通常賣$9～12不等，非常划算。無論要要煮義大利海鮮麵或是海鮮粥都是不錯的選擇。麵粉、太白粉或自發性麵粉都有自有品牌約$1～2。

我要怎麼做？

1 櫛瓜先刨絲，高麗菜剁碎
2 麵粉、蛋、蔬菜、海鮮加水拌勻；可以加多點水，濃稠度大約是用湯匙挖起還會滴水
3 平底鍋加油預熱，麵糊內加入少許鹽和胡椒粉
4 煮湯的湯勺一匙鋪平於鍋上，切勿太厚片
5 正反面微焦即可起鍋
6 可沾醬油、番茄醬、韓式辣醬一起吃

選擇一般的麵粉即可

Tom親自下廚，教我們做海鮮煎餅

Benjamin 朝思暮想的牛肉醬

直接秤斤買的絞肉
是最划算的

有天Benjamin買了牛絞肉回家要做韓式牛肉醬，為了要治療他的Home Sick。回到家後請Ben詢問媽媽製作過程，並由我料理，沒想到煮完後大家覺得吃起來很像台灣某知名辣味肉醬罐頭。而Ben卻一臉憂鬱的說，雖然很好吃，但是跟媽媽的味道差很多。沒辦法，要求一個台灣人在澳洲做出韓式料理口味實在是太困難了，所以最後只好請Ben的媽媽從韓國寄一箱「辛拉麵」來解鄉愁。

相反的，台灣夥伴愛死我這道走味的韓式牛肉醬，因為保存容易又下飯，無論是加到便當裡、自製Pizza、墨西哥捲餅或是加入Pasta裡都是很好的選擇。

韓 式 牛 肉 醬

我需要準備什麼？

材料：牛絞肉、糖、韓式辣醬、芝麻油

建議加入：米酒、蒜頭醬、黑胡椒粉

工具：平底鍋、鍋鏟、大碗公

我要怎麼做？

1 解凍後的牛絞肉與芝麻油、2匙糖、黑胡椒粉、1瓶蓋米酒、2匙蒜頭醬攪拌均勻，放到冷藏室等待2小時

2 平底鍋不加一滴油，熱鍋

3 把牛絞肉倒入鍋內炒熟，牛肉會出水，先把水倒掉

4 加入韓式辣醬拌炒，可以試味道，依個人喜好加入辣醬或是糖

5 起鍋後可以直接拌飯吃

● **料理小提醒**

沒吃完可以放入保鮮盒冰入冰箱，約可保存1週左右。

● **就是要精打細算**

相較於豬絞肉、火雞絞肉、羊絞肉等眾多絞肉品項內，牛絞肉應該是最便宜的。通常1公斤約$9～10，建議可以一半做韓式牛肉醬，另一半加入些香料做成漢堡肉。畢竟一天到晚在田裡或工廠打滾，一定要吃飽飽才有力氣賺錢。

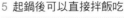

還可以發揮創意
做成捲餅

堅持只吃正韓貨辛拉麵

媽媽寄來的愛心

很多台灣人對韓國辛拉麵應該不陌生，有天到Jacky家吃飯，他媽媽從韓國寄了箱泡麵給他，好客的他，二話不說分享了6包給我們，那天晚上我生平第一次吃了辛拉麵，而且還加了起司。

Benjamin在煮泡麵時有份特別的堅持。有天他心血來潮煮辛拉麵請大家吃，第一件事情是跟Lily借量杯確定每份泡麵的水量在250C.C.，而且不能加任何泡麵以外的食材，他說，因為這樣辛拉麵會失去原本的風味。

相較於台灣人對家鄉味的思念，韓國人在這方面更是嚴重。我不只一次看到同學們收到韓國空運的食物包裹，裡面除了泡菜跟辛拉麵外，偶爾還會有海苔、醃蒜頭、韓國辣醬等各式韓式食物。有次我就好奇地問Ben：「澳洲各大超市都有賣辛拉麵，何必請家人寄國際包裹來？」沒想到他回答：「因為辛拉麵有分中國製、韓國製。」天啊！原來連泡麵也有分正韓貨或是Made in China啊！

起司辛拉麵

我需要準備什麼？

材料：辛辣麵、起司

建議加入：蔬菜丁、雞蛋

工具：湯鍋、湯杓

我要怎麼做？

1 湯鍋裡將水煮滾

2 放入麵和調味包

3 起鍋前加顆蛋和起司片

學校偶爾會有堂烹飪課，讓世界各地的同學一起分享自己國家的食物。而我那天做的是「日式咖哩」，現在想想真對不起台灣同胞們。Benjamin很愛國的煮了一道韓國的「韓式醃肉」，受到廣大歐洲同學的歡迎。

跟他同一組的是個帥氣的法國先生，原因是因為這位法國帥哥完全不會做菜！難道他沒有打聽，Ben到澳洲的第一個月也因為不會做菜每天在家煎牛排嗎？他應該要找我搭檔才對啊！

吃過這道菜的人，很難不留下深刻的記憶，因為實在太下飯、太好吃了，韓式醃肉的地位就跟台灣的滷肉一樣高。記得第一次到韓國滑雪，Ben的媽媽就到超市買了現成的韓式醃肉，讓我們帶到滑雪民宿品嚐，那滋味真是難忘。

這種現磨的胡椒粒最對味

韓 式 烤 醃 肉

我需要準備什麼？

材料：醬油、糖或是味醂、西洋梨、洋蔥、胡蘿蔔、牛肉、黑胡椒、蒜頭、香油

建議加入：紅酒、辣椒、香菇

工具：大碗公、平底鍋、鍋鏟

我要怎麼做？

1 準備一個大碗公，洗乾淨擦乾

2 洋蔥切條、蒜頭拍碎、胡蘿蔔刨絲、梨子用磨薑器磨成泥，如果沒有，可以放到袋子裡揉碎壓泥

3 上述材料跟醬油、味醂、香油、些許紅酒、黑胡椒和切片牛肉一起在碗公內用手抓一抓，給他「馬殺雞」，使其充分入味

4 蓋上保鮮膜放在冰箱一天

5 隔天煮的時候不需要放油，直接在平底鍋上煮即可

不知道要買什麼肉，就買超市的牛排就可以了

$145 洋蔥跟胡蘿蔔都很容易買到

深受歐洲人歡迎

這 道菜最早是在語文學校的時候，Tom為了到燈塔郊遊時而做的點心，爾後飯捲也成為我們郊遊必準備的一道。印象最深刻的一次是在草莓季結束時，全家一起開車到布里斯本(Brisbane)和黃金海岸(Gold Coast)4日遊，前一天晚上我們一起準備好韓式飯捲，並且對切用鋁箔包好送冰箱。一來減少水分的流失，二來攜帶方便，要吃的時候一人分一捲就可以解決了。

在澳洲，大多數的人出門玩不是上館子，而是帶三明治或是肉排在公園的BBQ台上烤肉，因為在澳洲，到餐廳用餐實在是一件奢侈的事情。就算到速食餐廳吃，最便宜的套餐都要$7以上，所以建議大家可以嘗試製作飯捲。海苔在超市的國際食品區都可以找到，如果可以找到亞洲超市，買大包裝會有更實惠的價格。食材部分不一定要有醃蘿蔔或芝麻油，其實只要翻翻冰箱，找些平常就有的食材製作即可。

全家到海生館郊遊
一起跟飯捲合照

韓式飯捲

我需要準備什麼？

材料：煮好放置涼的米飯、海苔、鹽巴、芝麻油、醃蘿蔔

建議加入：蛋絲、起司、蟹腳棒、醃黃瓜、鮪魚沙拉、胡蘿蔔、火腿、玉米、小黃瓜等

工具：平底鍋、鍋鏟、保鮮膜

● **料理小提醒**

原來飯捲跟壽司是不同的東西啊：韓式飯捲的韓文發音「gin-bab」像是台語的「金霸」。跟韓國人爭論飯捲是壽司的時候一定要小心，因為他們認為韓式飯捲跟日本壽司是完全不一樣的東西。與壽司的差別在於：飯沒有加壽司醋、外層海苔會抹上韓式芝麻油增加香氣與色澤、裡面一定會有醃蘿蔔。韓式飯捲是韓國受歡迎的傳統料理，同時也是春季賞櫻的最佳點心之一。

● **就是要精打細算**

海苔超市賣10片入約在$2~2.5、醃蘿蔔1包約$3~3.5、蟹腳棒大包裝約$9~10。記得要將飯放冷再包，海苔若是遇到熱飯產生水蒸氣會軟掉。

我要怎麼做？

1 把煮好的飯加入一點鹽巴與芝麻油拌勻放涼

2 平底鍋加入油熱鍋，倒入蛋液，煎成薄薄一層蛋皮即可，蛋液可加入一些太白粉水與醬油增加分量

3 紅蘿蔔切條狀與火腿條一起下鍋煎

4 醃蘿蔔、蟹腳棒與小黃瓜切條狀；沙拉與鮪魚調製成鮪魚沙拉

5 把飯鋪平在海苔上，在飯捲上放置你想要的食材

6 捲起來後可在外面的海苔抹上芝麻油增加香氣

7 切的時候可使用鋸齒狀的刀子，比較不會破壞飯捲

飯只要鋪滿2/3即可

飯捲在開party時也很適合

159

超Q彈的
煮不爛冬粉

清爽好吃又開胃

一次的家族旅遊，我們一起到布里斯本(Brisbane)，工頭Sasa特地要我們幫她買韓國的地瓜冬粉。「這是用地瓜粉做的麵，比較不容易煮爛，在韓國的餐廳都會有這道菜。」Benjamin在一旁說著。煮了地瓜冬粉後發現，跟台灣冬粉很不一樣，韓國冬粉不會吸水膨脹，也不容易煮爛，吃起來非常的Q彈。跟台式冬粉一樣，地瓜冬粉低熱量，而且口感非常的扎實，所以很容易有飽足感。缺點是在澳洲超市比較不容易買到，通常要到亞洲超市，或韓國超市才會看到，但相信喜歡吃冬粉的朋友，只要吃過一次，就會變心愛上韓國的「地瓜冬粉」。

地瓜冬粉也有多種吃法：因為不容易煮爛，所以適合放到火鍋內一起煮；也可以涼拌吃，把煮好的冬粉放入冰水裡冰鎮，跟柴魚醬油一起和著吃；還可以一起拌韓式辣醬與肉絲，非常的開胃爽口。希望大家也可以發揮巧思，多嘗試不同的吃法。

韓式地瓜冬粉

我需要準備什麼？

材料：地瓜冬粉、麻油、肉絲、黑木耳、香菇

建議加入：蔬菜

工具：平底鍋、鍋鏟、湯鍋

● 就是要精打細算

在澳洲的亞洲超市都可以輕易地找到不同廠牌的韓國地瓜冬粉，小包裝500公克大約$3～5不等。

我要怎麼做？

1 把地瓜冬粉放入湯鍋滾煮，大約3～5分鐘

2 將其餘食材切絲，一起放入平底鍋拌煮

3 將冬粉起鍋裝盤

4 把拌煮好的食材跟冬粉加在一起

5 淋上些許麻油

一包可以讓大家吃得很開心

創意料理就是
不斷創新

大家總是像家人般
聚在一起

<big>放</big>假在家閒閒沒事又嘴饞的話，爆米花來吃吧！打工度假的日子就是如此，忙的時候昏天暗地，閒的時候打蚊子都算有趣，爆好爆米花後，讓它和英文影集陪伴你一下午吧！這裡的乾玉米非常非常便宜，不到$1元就能爆好幾次。

奶油爆米花

我需要準備什麼？

材料：奶油、乾玉米、鹽或糖

工具：小湯鍋、鍋蓋

● **料理小提醒**

加熱時，鍋子要給他一直搖下去：含手把和蓋子的小湯鍋是最理想的鍋具，爆米花的過程中不時搖動鍋子是很重要的步驟，能讓全部的玉米受熱爆開不至於在鍋底燒焦！

我要怎麼做？

1 小湯鍋中放入奶油，待奶油融化後倒入玉米蓋上鍋蓋，中火加熱(玉米千萬別倒太多)

2 將火轉小並不時握住手把搖晃湯鍋，讓玉米在鍋中均勻受熱；當鍋中傳出爆米花聲時，代表鍋中熱度已足夠，大部分的玉米會在同一瞬間爆開，請持續搖晃鍋子，然後熄火灑上糖粉或鹽調味

爆米花
Step by Step

事前準備

Step 1

Step 2

Step 3

完成囉！

加上生洋蔥或檸檬汁，
就能配啤酒乾杯啦！

一覺醒來的現成美味

同住Share House裡的一家人，如果共同搭伙，熱絡的話大家自然而然會先預告自己要煮什麼，先喊先贏、爭相認領今晚的各項菜色，說什麼也不許別人插隊！非常難忘當時每餐滿滿的熱情！用烤箱是在澳洲平常不過的事，是家家戶戶廚房裡的基本配備。會做這道懶人味噌豬，包你睡一覺起來就能端出令眾人佩服又簡單無比的好菜！

懶人味噌豬

我需要準備什麼？

材料：豬五花或一般豬肉、味噌、米酒或酒、砂糖、蒜頭

建議加入：檸檬、生洋蔥

工具：夾鍊袋一個、烤盤或鋁箔紙、烤箱

● 料理小提醒

替換食材，你也來嘗試不同搭配吧：這道菜夠簡單了吧？睡一覺起來(醃漬隔夜)便有燒肉可以吃！肉類也可換成雞肉，相同道理還可用醬油或亞洲超市販賣的各式調味醬汁，下回拿叉燒醬和韓式辣醬比照辦理吧！

味噌：小包裝的味噌適合常移動的背包客，打開後用多少算多少，一方面攜帶方便，也解決了拆封不便帶走造成的浪費問題。

我要怎麼做？

1 將豬肉、蒜末和味噌(分量約為可雙面塗豬抹肉的量)、糖、酒少許放入夾鏈袋，封口後用手按摩搓揉使味噌入味，丟入冰箱隔夜醃漬

2 預熱烤箱250度

3 放入烤箱20分鐘，見肉表面無血水、有油脂滴出即可取出

4 可加檸檬汁或生洋蔥一起食用

砂糖　蒜頭　味噌　米酒

夾鍊袋

豬肉

準備好食材

我想我們應該是把墨西哥捲餅皮發揮到最淋漓盡致的一群背包客，廠商應該要找我們去代言！第一次買墨西哥捲餅，是因為看到瑞士室友每天早上，都拿餅皮夾火腿與生菜一起吃，感覺還不錯，沒想到吃過後從此愛上了這個味道，就算是直接吃都有種特別的風味。

無意間發現可以將餅皮拿來煎蛋餅後，發現跟台灣早餐店裡賣的蛋餅口味有8成的相似度，於是，墨西哥捲餅，就變成家中僅次於米第二重要的食材了。Xmas Party我們準備5道菜一起跟房東過節，Sharon就做了這道好吃清爽的開胃點心，裡面有我前一天做好的韓式辣肉醬，房東媽媽送來的萵苣與冰箱裡吃不完的起司片，一擺上桌馬上就被一掃而空。

墨西哥捲餅

我需要準備什麼？

材料：墨西哥捲餅皮、生菜、玉米、肉醬

建議加入：起司、乾果類

工具：圓盤、剪刀、牙籤

我要怎麼做？

1 用剪刀對剪墨西哥餅皮

2 擺上生菜、肉醬(肉醬作法可參考P.155自製韓式肉醬的作法)、乾果類，建議可放入起司或些許起司粉增加風味

3 將食材捲上包好，最後可用牙籤固定

Step 1　Step 2

看起來就超好吃的

● 就是要精打細算

萵苣(Lettuce)，又名美生菜，在澳洲各大超市、果菜市場均有售。通常萵苣的保鮮非常困難，放在室外容易發爛變軟，放在冰箱常常也會因水分關係發黑，所以萵苣要食用時，用剝的方式將葉子剝掉，千萬不要用刀子切，因為會氧化變黃。超市價格約在$2～2.5。

想吃蛋餅，
何必那麼麻煩！

跟早餐店一模一樣

台灣人在澳洲，將這道菜學起來，你就無敵了。多少海外的華人在網路上搜尋蛋餅皮的作法？多少人嘗試製作卻失敗，還要硬要吃厚麵皮夾蛋？超簡單、超方便、超省錢的台式早餐，席捲全澳華人。

一開始買墨西哥餅皮是為了搭配咖哩，卻在一次無意間把餅皮拿來當蛋餅皮煎，才發跟早餐店一模一樣。跟在台灣超市買的又硬又乾的蛋餅皮不一樣，反而是跟巷口早餐店的滋味一樣，再加入你喜歡的火腿、鮪魚、玉米、起司等就更有飽足感，太感動了。

巷口蛋餅

我需要準備什麼？

材料：墨西哥捲餅皮、雞蛋

建議加入：起司、火腿、玉米、蘑菇、培根、漢堡肉、香腸切片等

工具：平底鍋、鍋鏟

我要怎麼做？

1 想好你要做的蛋餅口味，備好料

2 平底鍋熱鍋，加入少許的油，依序將蛋液、配料下鍋，餅皮疊蓋上去

3 翻面煎至蛋熟即可(漢堡肉、香腸、培根等生食，需要多花點時間等待烹飪)

● 就是要精打細算

墨西哥餅皮通常會放在兩處，一處是麵包區，另一處則是放在義大利麵架對面。經我比較價格後，mission這個品牌，價格、口味、大小最佳。通常一包12入約$3～4，買完記得盡快食用完畢，否則很容易發霉。

超市一整排的
墨西哥捲餅

豐盛的蛋餅餐

週二Pizza Day 自己動手做

Jayla做的笑臉Pizza

在澳洲，每週二是Pizza Day與Movie Day，這天各大Pizza店與戲院業者都會有促銷價格，吸引消費者上門。所以通常週二下工會順道買Pizza回家。但有時想省錢，又止不住想吃的欲望，那就只好動手自己做Pizza。用墨西哥餅皮取代的Pizza餅皮非常的薄、軟，如果介意的人可以到超市買現成的餅皮回家自己加工製造即可。但是我的用意還是希望大家在澳洲能省則省，畢竟在那邊加工過的食材，價格可是三級跳。

蔬菜丁便宜又方便

墨西哥餅皮
是料理的好朋友

我需要準備什麼？

材料：墨西哥捲餅皮、起司、義大利麵醬

建議加入：火腿、玉米、蘑菇、培根、鳳梨、蔬菜丁、薯條、鮪魚罐頭

工具：烤箱、盤子(磁器、玻璃材質)、鋁箔紙

● 就是要精打細算

義大利醬通常會有超市自有品牌，通常放在貨架最下層，小瓶的通常不到$1，但建議不要貪小便宜買大瓶。因為醬汁一次用不完，下次從冰箱拿出來通常都發霉了。澳洲鮪魚罐頭，便宜到令人匪夷所思，價格從$1～3不等，無論做蛋餅、三明治都可扮演主角。

自製Pizza

火腿蔬菜綜合PIZZA Step by Step

塗上義大利紅醬

放上火腿,大方的鋪滿餅皮

灑上起司,放入烤箱,烤7~10分鐘

陸續放上蔬菜丁、洋蔥、薯條等食材

出爐囉!火腿蔬菜綜合pizza就完成啦!

紅醬鮪魚PIZZA Step by Step

塗上紅醬鋪底,將鮪魚餡鋪上

鮪魚餡要鋪滿整張餅皮

鋪上薯條、灑上起司,放入烤箱烤7~10分鐘

放上切好的洋蔥

出爐囉!紅醬鮪魚就完成啦!

連吃炸物都要搞出創意

家庭號的Fish & Chips
通常會附一瓶碳酸飲料
價格約$15～20不等

到底要說澳洲人比較不追求美食，還是對食物的料理沒有太大的創意？每次出外郊遊如果未自行帶三明治或點心，通常要找到平價的餐館，只能選擇Fish & Chips或速食店用餐。而同時幾乎每戶人家都會有一台小油炸機，連購物台也時常出現講求控溫與控油的機器。超市的冷凍食品區更有一整排充斥著各式各樣薯條、魚排、薯餅或洋蔥圈等，只要買回家後，放到油炸機裡就能輕鬆做一道菜。

當然這種誘惑誰也擋不住，通常家裡的冰箱一定會有一包薯條，預防下午提早收工時，大家鬧嘴饞肚子餓。就在某天下午心血來潮，炸了薯條、香蕉天婦羅與月亮蝦餅一口氣把需要油炸的料理一併處理。

澳洲隨處可見的Fish & Chips餐館

香 蕉 天 婦 羅 & 炸 薯 條

我需要準備什麼？

材料：油、薯條、香蕉、炸粉、蛋白、番茄醬

工具：小湯鍋

● 料理小提醒

用小湯鍋集中火力，事半功倍：油溫是炸物的關鍵，炸薯條起鍋前油溫要高，把油逼出來，薯條吃起來才會脆脆的。因為油溫太低薯條不但不脆，還會含油。建議可使用小湯鍋炸薯條，不但集中火力，而且比較省油。

集中火力省油的小湯鍋

● 就是要精打細算

澳洲的Potato Chips從波浪到切塊，從細切到厚片都有。琳琅滿目，讓你無從下手，其中超市自有品牌最便宜500公克通常售價$2.5～3都有，是Party充場面、下工後零嘴最佳夥伴。香蕉旺季時，1公斤約$3～4，但是在淡季時可以貴到1公斤$12以上，所以請愛吃當季蔬果。

找超久才在ALDI找到我最愛的洋蔥圈

炸薯條要怎麼做？

1 確定鍋子是乾的，把油倒入加熱

2 可先放一根薯條試油溫是否已經熱到發泡了

3 下鍋油炸，待至薯條浮起來即可

吃太多可是會發胖唷

香蕉天婦羅要怎麼做？

1 香蕉縱切對半，先裹上蛋白

2 下鍋前沾炸粉即可

3 油溫不用太高，表皮呈金黃即可起鍋

挑戰日本料理店的炸香蕉天婦羅

蝦殼剝到手痠也非吃不可

月亮蝦餅第一次初登場是Jayla當時為了消化Ben因為大特價買太多冷凍蝦而上網找食譜做的。這次是為了解決房東好友送來的河蝦，畢竟河蝦體型小，沒有辦法像一般市場賣的白蝦一樣做料理，而且每次製作月亮蝦餅前，都要先集合所有室友一起幫蝦子脫殼才能打漿。房東好友送來的河蝦數量，多到我們做了3次月亮蝦餅才終於把河蝦吃完！

通常我們吃到的月亮蝦餅，並不完全是100%蝦漿下去製作，幾乎為了節省成本，用蝦子與豬絞肉混和製作成的，所以蝦肉與豬肉比例，可以依自己喜好下去作調整試試。

月亮蝦餅

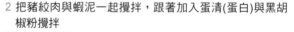

Terry大力推薦，好吃的泰式酸辣醬

我需要準備什麼？

材料：油、蝦子、豬絞肉、米紙、蛋1顆、黑胡椒粉

工具：平底鍋、夾子、調理棒或剪刀

● 料理小提醒

新鮮蝦子吃起來才不會脆脆的：
不知道大家是否曉得台灣的食品添加物真的很嚴重？以蝦子這件事情，台灣賣的冷凍蝦，餐廳賣的蝦仁炒飯中的蝦子，很多是加了硼砂，如此一來吃起來就會脆脆的。而澳洲的食品檢驗非常嚴格，政府對食品添加物管制都有一套標準。所以在澳洲買冷凍蝦仁回家煮之後，請不要拿回超市說壞掉了或劣質品，因為正常的蝦子是不會脆脆的。

我要怎麼做？

1. 請先剝蝦殼(如果是冷凍蝦，基本上就不會有殼)，攪爛蝦子成蝦泥

2. 把豬絞肉與蝦泥一起攪拌，跟著加入蛋清(蛋白)與黑胡椒粉攪拌

3. 把油放入平底鍋，高約一節指，先用中火

4. 取出米紙，將肉泥鋪在米紙上，就像抹吐司草莓醬一樣

5. 放入油鍋中，起先會先膨脹。不要擔心，請戳破他

6. 要翻面，待肉泥變成紅色就可起鍋

● 就是要精打細算

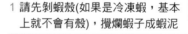

1. 如果你有預算可以到二手店或Kmart買食物調理棒。價格約$15。
如果預算有限可以用剪刀，瘋狂的亂剪，把蝦子放在小碗內剪成蝦泥。

2. 超市會販賣自家品牌冷凍蝦，一包大約$13，所以不要到生鮮冷凍櫃買新鮮昂貴的冷凍蝦。米紙會出現在國際食品區，一整包約$4，而且包裝上都有食譜教學。通常可以買些豬絞肉一起撐場面，不然單靠蝦泥會太單薄，而且蝦子的價格也不低。

馬鈴薯的變化多端

遇到很多國外的背包客
三餐真的就這麼簡單

料理方式變化多端的馬鈴薯，實在是背包客的好朋友！住在班達伯格(Bundaberg)這個素有「番茄地獄」的城鎮，每當番茄盛產季節時，天要不是還沒亮就得出門，再不就是太陽下山了才能回家。

回到家之後早沒了煮飯的力氣，更別奢求餐餐煮得好吃。那一陣子為了節省時間，大家不約而同拿了馬鈴薯當作食材，日子久了，花樣也就多了，從最簡單的炸薯條、焗烤馬鈴薯、涼拌沙拉、到日式咖哩飯，都是在那段連到鎮上買菜都快沒時間的日子變出來的菜色！

下班時間被極度壓縮的一家人，最常見的景象就是一群人圍在烤箱前，丟入自己的馬鈴薯和起司後一哄而散，轉過頭去搶著洗澡、洗衣服，等到時間一到、烤箱一「叮」，便又一個個被焗烤的香味勾回餐桌前。

焗 烤 馬 鈴 薯

我需要準備什麼？

材料：馬鈴薯3～4顆、奶油、起司條、鹽

建議加入：Mixed Herbs

工具：鋁箔紙、烤盤、烤箱

● **料理小提醒**

用微波爐也可成另一道懶人美食： 乳白色的薯泥很像冰淇淋，挖著一球球的薯泥時又像在玩黏土，體驗製作過程中帶來的樂趣真是一大享受！這只是基本的方式，還可以加入洋蔥丁或鮪魚增加風味；沒有烤箱時，也可直接將馬鈴薯切塊後加上奶油、鹽、起司和一點水，直接放入微波爐10分鐘，便是另一道方便快速的懶人料理啦！

參考章魚小丸子的口感： 內餡揉進鮪魚，用口感清爽的生菜代替柴魚片，再撒上迷迭香，馬鈴薯的變化真的很多。

我要怎麼做？

1 馬鈴薯蒸熟或水煮後，搗成泥狀，稍微放涼後，拌入一點鹽和奶油

2 烤盤鋪上塗過奶油的鋁箔紙後，用湯匙將馬鈴薯整為適合入口的球狀大小後排入烤盤

3 在表層撒滿起司條，放入烤箱，以200度焗烤15～20分鐘，視薯泥顏色轉為金黃，上層起司微焦，並且烤盤邊緣有奶油流出即可取出

4 撒上Mixed Herbs增添香氣一同食用

草莓吃到膩，變身成抹醬

每天早上天未亮，就要出門採果

在台灣就超愛吃水果的人，到澳洲不要太失望了，雖然沒有愛文芒果與黑珍珠蓮霧，但是有一些在台灣都賣的超貴的在地水果。例如：紐西蘭的黃金奇異果、在台灣要提前預購才能吃到的白櫻桃、甜到頭會暈的香瓜，與一邊採可以一邊吃的草莓，在澳洲都是台灣½的價格，更不用說蘋果和西洋梨，在盛產季節會讓你吃到怕！

製作草莓果醬是因為在草莓場工作的關係，常常都有免費的次級草莓可以帶回家，一開始當水果吃，搭配生菜沙拉，到最後做草莓果醬，而且是標榜不加一滴水與添加人工香料的健康草莓果醬。

新鮮草莓醬

我需要準備什麼？

材料：新鮮草莓、砂糖、檸檬半顆

工具：沒有食物味道的湯鍋、玻璃盆、玻璃瓶

● **料理小提醒**

煮果醬一通百種通，作法都一樣。但因水果有果酸，所以一定要用玻璃裝唷！

● **就是要精打細算**

草莓醬對我來說是幾乎零成本的作品，我曾經在假日市集看到賣一些賣相差的草莓，1公斤只要$3。玻璃瓶則是平常煮完義大利麵回收的玻璃瓶，別小看這些瓶子，可以回收裝糖、乾貨等。

我要怎麼做？

1 將草莓洗乾淨並擦乾。去蒂頭並切塊

2 糖跟草莓以1:2比例，拌在一起，1小時後草莓會變軟出水

3 將檸檬汁加入草莓中，倒入湯鍋加熱。檸檬汁可以帶出自然的果膠(煮的過程中會有白色的泡泡，記得要撈掉)

4 煮到像果凍一樣即可，期間要不斷攪拌

5 放涼10分鐘後，洗乾淨瓶子，並擦乾即可

6 放些許果醬到玻璃瓶中，搖一搖然後倒掉，之後就可以把草莓醬裝進去了

自製不加一滴水的草莓醬

辦party必備的麵包布丁

桃子罐頭酸酸甜甜

背包客之間最常見的聚餐方式便是一人準備一道菜，在這裡學會麵包布丁的作法，就等於學會一道擺上餐桌很有面子、又好吃的料理喔！在澳洲非做麵包布丁不可的理由有三：1.簡單易學好準備，在聚會場合也是一道受大家歡迎的飯後甜點，百分百符合了懶人也能出好菜的原則；2.麵包布丁可說是一道環保惜福料理，將吐司邊或口感已乾硬的麵包留下來，做這道甜點可謂恰到好處，在這時剛好派上用場；3.最後一個在澳洲非得自己烤個麵包布丁的理由，是超市架上隨時能買到一罐罐調好等你帶它回家的鮮奶油，和台灣不同，回台灣哪找這麼方便的機會，所以，動手吧！

麵 包 布 丁

超市就能買到的鮮奶油

我需要準備什麼？

材料：鮮奶油1罐、鮮奶、奶油少許、雞蛋2顆、糖、吐司邊或吐司

建議加入：葡萄乾、綜合水果罐頭

工具：鋁箔紙、烤皿、烤箱

我要怎麼做？

1 澳洲超市能買到的鮮奶油通常為800毫升，4人份建議使用一半的分量，鮮奶油與鮮奶以1:1.5或1:2的分量調製

2 加入事先溶解的糖和打散的雞蛋，即成為布丁液

3 烤皿鋪上塗過奶油的鋁箔紙後隨意放入吐司邊、葡萄乾、綜合水果罐頭

4 倒入調好的布丁液，確認吐司邊都浸入布丁液

5 預熱烤箱180度後，放入烤約30分鐘，見麵包布丁已膨脹高出烤皿，表面轉為金黃色後，以筷子插入裡面確認，若無水狀布丁液沾黏即完成

世界主題之旅
81

作　　者	Soda・Terry
攝　　影	Allan・Jayla・Sendoh・Lily

總 編 輯	張芳玲
書系主編	張焙宜
文字編輯	林孟儒
美術設計	許志忠
封面設計	何仙玲

太雅出版社
TEL：(02)2836-0755　FAX：(02)2831-8057
E-MAIL：taiya@morningstar.com.tw
郵政信箱：台北市郵政53-1291號信箱
太雅網址：http://taiya.morningstar.com.tw
購書網址：http://www.morningstar.com.tw

發 行 所	太雅出版有限公司 台北市11148忠誠路一段30號7樓 行政院新聞局局版台業字第五○○四號

承　　製	知己圖書股份有限公司 台中市407工業區30路1號 TEL：(04)2358-1803

總 經 銷	知己圖書股份有限公司 台北公司 台北市10646羅斯福路二段95號4樓之3 TEL：(02)2367-2044　FAX：(02)2363-5741 台中公司 台中市40768工業區30路1號 TEL：(04)2359-5819 FAX：(04)2359-5493 郵政劃撥 15060393 戶　　名 知己圖書股份有限公司

廣告刊登	太雅廣告部 TEL：(02)2836-0755　E-mail：taiya@morningstar.com.tw

初　　版	西元2013年01月01日
定　　價	270元

(本書如有破損或缺頁，請寄回本公司發行部更換，或撥讀者服務專線04-2359-5819)

ISBN　978-986-6107-82-5
Published by TAIYA Publishing Co.,Ltd.
Printed in Taiwan

國家圖書館出版品預行編目資料

澳洲打工度假一起Cooking!!／Soda，Terry作
— 初版. — 臺北市：太雅，2013. 01
面；　公分.—（世界主題之旅；81）
ISBN　978-986-6107-82-5（平裝）

1.旅遊　2.副業　3.澳大利亞

771.9　　　　　　　　　　　　　101023926